全国小学生校园美文精品集萃丛书

七色阳光 小少年

奔跑吧，少年

《语文报》编写组 编

时代文艺出版社

图书在版编目（CIP）数据

奔跑吧，少年 /《语文报》编写组编 . —长春：时代文艺出版社，2018.8（2023.6重印）
（"七色阳光小少年"全国小学生校园美文精品集萃丛书）

ISBN 978-7-5387-5858-0

Ⅰ.①奔⋯ Ⅱ.①语⋯ Ⅲ.①作文－小学－选集 Ⅳ.①H194.4

中国版本图书馆CIP数据核字（2018）第114660号

出 品 人　陈　琛
产品总监　郭力家
责任编辑　刘　兮
装帧设计　孙　利
排版制作　隋淑凤

奔跑吧，少年

《语文报》编写组 编

出版发行 / 时代文艺出版社
地址 / 长春市福祉大路5788号　龙腾国际大厦A座15层　邮编 / 130118
总编办 / 0431-81629751　发行部 / 0431-81629758
官方微博 / weibo.com / tlapress
印刷 / 北京一鑫印务有限责任公司
开本 / 700mm×980mm　1 / 16　字数 / 153千字　印张 / 11
版次 / 2018年8月第1版　印次 / 2023年6月第5次印刷　定价 / 34.80元

图书如有印装错误　请寄回印厂调换

目 录

奔跑吧，少年

001

爱的小屋

那一抹难忘的馨香

爱的怀抱

假如我是风

遇见另一个自己

这就是爱

奔跑吧，少年

　　时间嘀嗒、嘀嗒，不知不觉，我从一个懵懂的孩童变成了少年。长大的我总有一个疑问，为什么我们都要跟在时间的后头，像个小跟屁虫，它带我们去哪儿，我们就要去哪儿？为什么我们不能跑在时间的前面呢？

奔跑吧，少年

季虹兴

时间嘀嗒、嘀嗒，不知不觉，我从一个懵懂的孩童变成了少年。长大的我总有一个疑问，为什么我们都要跟在时间的后头，像个小跟屁虫，它带我们去哪儿，我们就要去哪儿？为什么我们不能跑在时间的前面呢？

以前的我有一个坏习惯：写作业爱磨蹭。一会儿玩，一会儿画画；一会儿咬笔帽，一会儿玩尺子；一会儿喝水，一会儿去厕所……注意力不集中，还总是漏题。别人一个小时就做完的作业，我却花上两三个小时。为此，妈妈老师总是叫我"磨蹭大王"。

没有付出就没有收获，时间狠狠惩罚了我。上学期期末考试，我拿着发下来的试卷——83分，又伤心又后悔，心里暗暗下了决心：一定要跑在时间前头，把丢掉的时间赢回来！

第二天放学回家，我就赶紧先做作业。妈妈让我先吃饭，我说："不行啊，我在和时间比赛呢！"妈妈让我出去玩，我说："不行啊，我做完作业还要复习呢！"爸爸甚至拿我平时最爱看的电影来诱惑我，我也咬咬牙拒绝了。爸爸妈妈看我那"废寝忘食""卧薪尝胆"的劲头，脸上绽开了一朵向阳花。终于，新学期的第一次检测，我拿到了班级第五的好成绩！我兴奋地一蹦三尺高："妈妈，我跑赢时间了，我不再是它的跟屁虫了，我是时间的小主人了！"这喊声震耳欲聋，仿佛要让全世界都听到似的。

俗话说："一寸光阴一寸金，寸金难买寸光阴。"如果我不珍惜时间，时间也不会珍惜我，更不会在原地等我。所以在我今后的学习和生活当中我必须和时间比赛，我要努力奔跑，跑在时间的前头，跑向我全新的少年生活！

遇 鬼 记

江晨瑜

爸爸妈妈工作特别忙，每天放学，我都要在爷爷家做好作业，然后等爸爸下班之后来接我。

回家要经过一条弯弯曲曲的小巷，特别吓人。路灯一闪一闪的，有时一点儿光都没有，每次走到这里，我的心头就好像兜着一只小兔，跳个不停。我想起了淘气鬼王文禹给我讲的鬼故事，虽然没见过鬼，可每次一走到这里，我就会想起"鬼"来。

有一天晚上，妈妈来接我回家，又走到了那条小巷里，黑乎乎的什么都看不见。妈妈好像也有点儿害怕，越走越快，拉着我的手都出汗了，我更是吓得一声都不敢吭。这时，有一道光跟着我们移动，我和妈妈快被吓死了，我俩的步子加快时，那道光移动的速度也加快了。

我的心一阵惊跳，腿都软了，哆哆嗦嗦地问妈妈："妈妈，咱们是不是碰上鬼了？"

妈妈也吓坏了，抱起我就跑。

只听后面一个人喊道："晨晨，让妈妈等等我，别跑了！"

哎呀，原来是爸爸。他担心我们害怕，打着手电筒来接我们了。

爸爸看着满头大汗的我和妈妈，哭笑不得地说："世上根本就没鬼，有啥害怕的。"

窃 读 记

阎依彤

004

"上完厕所没啊？快点儿！"妈妈开始在门口催我了。

告诉你个秘密，我可不是在上厕所，其实是躲在厕所里看书呢！

"快点儿！"妈妈又一次喊我，才把我从书中硬生生地拽了出来。我赶紧把书放到了装卫生纸的盒子里，打开门，走出了我的"读书宝地"。"这本书可真好看啊，总算看完了。"正在看手机的妈妈看着我说："老实交代，你是不是又看书了。"哎呀，说漏嘴了。可是我还是当作什么都没发生一样说："没有啊。""孩儿她爸，给我搜去，现在就去。"

没一会儿，爸爸就拿着两三本书出来了，妈妈看了哭笑不得，问爸爸："这些书是从哪里找到的？""在厕所放纸的盒子里。""哟！为了藏书应该动了不少脑筋吧。"说着，从爸爸的手里拿过书去，一本一本地扔到垃圾桶里，我那可怜的书啊。"说了多少次了，不写完作业不许看小说，怎么就是不听话呢……"一场"暴风雨"开始了。

我心爱的书啊，就这么被扔掉了，我付出了惨痛的代价。

半夜，我起了床，从垃圾桶里把那几本书找了出来，每本我都亲了一口，不过，那味道可不太好，我又想起了那句话：饭可以一日不吃，觉可以一日不睡，但是书不可以一日不读。

做个诚实的孩子

李　晓

生活就像调味品，酸、甜、苦、辣、咸，只有自己亲自品尝才会知道其中的滋味。

放假了，我正在看电视，突然，一声大叫在耳边响起："就知道看电视，什么活都不帮我做，你想累死我吗？快去帮我洗碗！"一听就知道是妈妈，我心想："有什么了不起的，不就是干点儿活吗，小事一桩。"我哼着歌去洗碗。

"洗刷刷，洗刷刷，洗刷刷，洗刷刷……"我一边洗，一边唱着小曲。突然，一个不小心，手滑了一下，把碗打碎了。心想这下可糟了。到底要不要告诉妈妈呢？这时，在我的脑子里出现了两个小人。一个小人说："要告诉妈妈，做一个诚实的孩子。"另一个小人说："难道你不知道妈妈的脾气吗？""诚实是最可贵的，没有什么东西比得上诚实。""要是被妈妈发现了，肯定让你吃一顿'夹肉饼'。""要告。""不告。""要告。""不告。"两个小人争吵起来，我有点儿犹豫，但是我最后还是下定决心，要把这件事告诉妈妈。

我来到妈妈身边，低着头说："妈妈，对不起，我不小心把碗打碎了。"妈妈微微一笑，温柔地摸着我的头说："没关系，犯了错就一定要及时告诉大人，这才是诚实的好孩子。"

这件事让我明白了，一个人犯了错误，要勇敢面对，不能想怎么把它躲过去。每个人都要做诚实的人，一切都会好的。

"笑星"同桌

胥海葵

006

"喂！交作业啦！没见到人见人爱、花见花开、车见车载的组长大人收作业了吗？快点儿，免你不死。"看着面前这个胖男孩儿抱着一大摞各色各样的作业本站在我面前，鼓着腮帮子，一副"我很生气，但我很好说话"的样子。我不禁笑了，这个同桌真可爱。

他是我的同桌兼组长，长着一张肥嘟嘟的小脸，总是摆出一副"我很厉害的，你小心点儿"的正经模样。不过，他又很幽默，是我们班的"笑星"。

有一次天下着雨，我们几个同学走在一起，在雨里嬉笑打闹。"笑星"这时就乐开了，在街道边的矮栏杆上表演起了高难度动作。他正玩得不亦乐乎的时候，"砰！""哎哟！"我们的"笑星"华丽地摔倒了。因为是下雨天，声音在空旷的大街上显得格外清脆。只见他一手撑着地，一手揉着自己可怜的小屁股，还做着各种古怪的表情。"噗！"终于有同学忍不住笑出声来。像点燃了一根导火线，我们哈哈大笑。他看看自己一身的泥水，也笑了起来。

有同学打趣道："哈哈！下雨天，雨正大，摔倒了一头大肥牛！""笑星"不服气地说："笑什么？有那么好笑吗？"他尴尬地站起来，拍打着身上的泥水，手叉在腰上说："看到没有，我没事。真是下雨天，雨正大，牛没摔死，倒是笑死了几头牛！"说着，还转几个圆圈表示他真的没事。几个同学笑得把雨伞摔到了地上。

他有时也很"傻"，跟喝了"忘魂汤"似的，像手里拿着橡皮擦，却还在到处找橡皮擦这样的事数不胜数。有一次，因为他英语作业没有交，老师罚他去办公室背书，顺便把作业交上去。瞧瞧！我那个"傻"同桌，翻箱倒柜地找得满头大汗也没有找到作业本，于是顺手拿了本书跑到老师那里。老师一看，气就来了，因为他拿了一本漫画书《猪八戒背媳妇》。老师敲了几下，他又垂头丧气地回来拿书，结果，书和作业本都躺在桌子上睡大觉。

真是个可爱的"傻"同桌！

她

陈亚萍

她，是我的同学，也是我的好友。到肩的中长发，厚厚的刘海儿，明亮的眼睛。这便是我的好友——孙玉芳。

她很细腻，这是我对她的印象。冬天对于我们来说，就是一个"大恶魔"。就拿洗头来说吧！夏季，大汗淋漓的我们回到寝室，一定会洗头，这时洗头是一大乐事。但是，冬天出汗，洗？冷啊！不洗？脏啊！经历了一系列思想斗争，我咬咬牙，冲进厕所，接了一盆子冷水。正想洗时，她拦住了我，惊讶地说："这么冷的天，你要洗头？你身体免疫力差，不能洗头。"我摆出一副大义凛然的样子，说："三日不洗浑身难受。"她皱起眉头，说："好吧，那你先去洗吧。"我深吸口气，冻得直打战。十分钟之后，终于洗完了。我呼出一口长气，把头发包好后，便走了出来。

出来时，只见她双手小心翼翼地捧着一个保温杯，双手递给我。我问道："这是什么呀？"掀开盖子，一大股生姜的味道扑面而来。她笑盈盈地说："这是生姜水，我怕你洗头感冒了，快喝吧。"

看着她，我很感动，她和我不过是同学而已，但却如此照顾我。她，是一眼温泉，一直温暖和保护着她周围的人。

008

同桌是个"棉花糖"

孙 芳

他，白嫩嫩的皮肤，在我们班上稳居第一胖；他，戴着一副黑色眼镜，笑起来特别可爱；他，憨厚老实，乐于助人，就像一个"棉花糖"。

我总羡慕他，他拥有比我聪明的头脑。在数学这一方面，他比我厉害。每次看他的练习册，总写着一个大大的"优"，而我永远只是"加油"。作为我的同桌，他总是帮我热心辅导。数学一点儿都不开窍的我，经常把他气得满脸通红。他总开玩笑又嫌弃地说："我怎么遇上你这个同桌啊！你是上帝派来惩罚我的吗？"

虽然学习很好，但是他也有弱点。对于他来说，跑步简直就是噩梦。每次出操跑步回来，他总是满头大汗，我便开玩笑地说："跑两步多好啊，恭喜你，又减掉了一些脂肪。加油，明天就在不远处！"他便假装生气地盯着我。

他在关键时刻特别可靠。一次，我们都在紧张地做着作业，这时候他后面的同学喊了一句："棉花糖，借支笔。"他听见了，二话没说从文具盒拿出一支笔说："接着。"便扔了过去。他似乎对"棉花糖"这个称呼很满意。还有一次，我的英语小练习不见了，因为马上要交，我很着急。他发现了，二话没说，就把他的小练习递给了我，说："快做吧！"

这就是我的同桌——"棉花糖"，有这样的一个同桌真好！

生命有你更美好

王娜娜

月季花朵朵开放，散发出沁人心脾的味道。往事点点滴滴，也像月季在心灵绽放。童年有你相伴，生活不再孤单；童年有你相伴，生活五彩斑斓。你是我一生中的好朋友。

我们从小就在一起，每天，我们在一起玩耍，享受着童年的无忧无虑和快乐。我们就像黑与白的对比色，你像糖果一样甜，我像辣椒一样辣；你乖巧懂事，我调皮捣蛋。看起来格格不入的我们却成为最好的朋友。我们哭过、笑过、闹过，彼此温暖、感动过……

你的笑容我今生难忘，像一缕阳光照进我的心，暖暖的；你的声音悦耳动听，像迎风舞动的风铃，发出阵阵欢快笑声。

我们会摸遍全身找出一枚硬币买一支冰棒，你一口我一口把它消灭掉。我们也会抱在一起，为了电视里的男主角和女主角的悲惨命运，哭得稀里哗啦，鼻涕眼泪抹对方一身。当然，我们之间有时也会有摩擦和争吵，但它们都如沙粒般细小，转眼就消失不见。

我相信，我们之间的友谊之花会永远芬芳。

010

我和书的故事

范竞元

读一本好书，就等于和一位知识渊博的人对话。读书有许多好处，比如好词好句认识得多了，作文就写得好了，考试就不发愁了等等。

记得有一次，下课了，我在座位上津津有味地看着《水浒传》。"丁零零，丁零零……"上课了，这节课上美术课。可我正看得着迷，怎么都舍不得放下书。于是，我偷偷地把书放到书桌里，把头埋得低低的，悄悄看了起来。突然，我听见同学嘻嘻哈哈的声音，我一抬头看见许多只眼睛盯着我看，我心里想：为什么盯着我看呢？我怎么了？算了，看书要紧，我还是继续看书吧。可是我刚低下头，同学们嘻嘻哈哈的声音更大了。善良的同桌提醒我说："范竞元，别看了，老师就在你身后。"我把头往后转，吓了一跳，老师站在我的后面，用严肃的表情看着我，说："你喜欢看书可以，这点很好，但你不能在美术课上看啊。"我惭愧地说："老师，我错了，我以后不会在课堂上看闲书了。"我急忙把书收起来，开始听课……

好不容易熬到放学，一回家，我就拿起《水浒传》看了起来。不知过了多久，妈妈开始施展她的"狮吼功"："范竞元，你看看现在几点了，你是不是明天不上学了，快去睡觉。"我一看表，哎呀，居然都12点了，可我一丁点儿睡意都没有。我还想看，可妈妈一把就没收走了。没办法，只好去睡觉了。

因为惦记着《水浒传》，第二天早上5点我就醒了。我蹑手蹑脚地去妈妈的房间里把《水浒传》"偷"了回来，一页、两页……我像恶狼一样贪婪地读着。正在津津有味地看的时候，妈妈闯了进来问："书呢？"我慌慌张张地说："在、在……在我这里。"妈妈说："看书是好事，但你要注意合理安排时间啊！不能影响正常的学习和生活。"对啊，这么简单的道理，我怎么就没想到呢。

这就是我和书的故事。

小 议 说 谎

张 韬

说谎多了，会使人形成一种习惯，在任何地点，和任何人说话，都是满嘴的假话。那么，人到底应不应该说谎呢？我的观点是：不能！

小时候，奶奶给我讲过一个故事：一个小孩子喜欢说谎，他每说一个谎话，鼻子就会变长一点点，最后，他改掉了说谎的毛病，才找回了原来的鼻子。我知道奶奶是想告诉我，要做一个诚实的孩子，不能说谎。

有一句名言这样说："只有脚踏实地，才能仰望星空。"是呀，事实就是这样，如果一个人满嘴假话，欺骗了别人，同时，也欺骗了自己，像这样的人，是不可能仰望星空的。

你们想一想，如果大家都不诚实，都说谎骗人，那我们的国家将会变成什么样？

一个小孩儿考试考了零分，却告诉自己的家长他考了一百分，这样，不但不能提高自己的成绩，还辜负了爸爸妈妈的爱，自己也容易养成说谎的坏毛病，这样的说谎值得吗？

我的答案是：不值得！

在人生的道路上，没有平坦的大路可走，只有脚踏实地，一步一个脚印，才能走到光辉的顶点。

下 棋 记

吴邦达

周末的一天，我写完作业，开始捣乱。我一会儿拉拉爸爸的眼镜，一会揪揪妈妈的围裙。妈妈被我缠得干不成活，只好解下围裙，提议跟我比试五子棋。

我兴冲冲地铺开棋盘，妈妈先下，她落子在棋盘正中央，我的棋也围绕着她的棋展开。我盯着眼前的棋局，绞尽脑汁地想：怎么样才能快速地将棋子连成五个？我不断地寻找机会，快要成功了！已经连成了四个！再下一步我就成功了！我假装镇定地看着眼前的棋子，却还是按捺不住内心的激动，差点儿没从座位上跳起来！"我赢了。"耳边传来妈妈的声音。怎么可能？明明我即将大功告成了！我诧异地看向妈妈，目光扫过棋局。随着妈妈手中的棋子下落，顿时我像是被当头浇了一盆冷水，兴奋劲儿一扫而光：什么时候妈妈的棋子已悄悄地连成五个。再看看我的棋子，连在一起的四个寂寞地待在棋盘上，就差一个了……我的心情从云端跌到谷底。

妈妈微笑着看着我说："傻丫头啊，你怎么只顾自己走，不看别人棋，几个关键位置被我占住，你都没注意，知己不知彼，自然赢不了。"我拍了拍脑袋，果真是如此！看来，发展自己的同时，也要关注他人的进展，不然，别人就有可能快你一步。

再来一局！这回，我谨慎多了。每当妈妈的棋子出现连成五个的趋势时，我就毫不留情地封住她的棋路，妈妈亦是如此，彼此不留丝毫破绽给对方。渐渐的，棋子已占满整个棋盘，再也没有一点儿空间可以决定我们之间的输赢。我们打成了平手！我和妈妈抬起头来，相视一笑，会心地点点头。原来，当自己与对手都关注对方，不留给对方丝毫余地，事情就会变成僵局。那怎么才能下赢妈妈呢？

第三局开始了。有过上两局的较量，这一次，我心情上放松了许多。没有第一局的绞尽脑汁，也没有第二局的神情紧张，淡定地看着眼前的棋局，默默地在心里勾画棋局，小心计划着每一步棋。当然，心情放松不是防线放松，我依旧谨慎：妈妈每下一个子，我都要上下左右看一遍，对我不利的立即"封杀"，同时仔细盘算落子位置，若是能既堵住对方又能给自己创造机会，一箭双雕，最好不过了。这一局，在我的"老谋深算"下，妈妈败下阵来。妈妈懊恼地说："哎呀，还是大意了，让你抢得一着先机，补救也来不及了。"

是呀，决定胜负往往就几步，可能一步成王，一步败寇，关键看谁运筹帷幄，把握机会，赢得最终的胜利。

差点儿当了逃兵

黄文静

"你准备一到两分钟的自我介绍和一段才艺展示，加油吧。"妈妈笑着鼓励我。升入六年级，学校要举办一场才艺比赛。看见那些和我成绩差不多的人都报名了，我也稀里糊涂地报名了。

终于到了比赛前一天晚上。我在自己的房间里一遍又一遍地背着稿子，练习着乐器。比赛没获奖怎么办？同学们会不会笑话我？我有点儿后悔当初冲动报名了。

第二天一大早，妈妈把我打扮得漂漂亮亮，送我到学校。

"上场以后千万不要紧张，好好表现，加油！"妈妈鼓励我。

我沉默了一会儿，怯怯地对妈妈说："妈妈……我觉得我可能去了也没有用，要是表演不好，以后同学们会笑话我的……"

还没等我说完，妈妈强有力的声音打断了我："不去做，你怎么知道结果？你背了稿子，也练习了乐器，为什么不去试试呢？"

是啊，妈妈说得对，不去做怎么会知道结果。

"65号同学请上台！"我深深地吸了一口气，又吐了出来。昂首挺胸，面带微笑，走到那被无数灯光笼罩的台上去。

虽然那天的比赛名次并不太好，但如果我做了逃兵，那我将懊悔至极，也不会明白那个浅显却又深奥的道理——"不去做，你怎么知道结果？"

015

梦中奇遇记

邓文娇

海，犹如一匹天蓝色的绸布，缓慢地泛起一层层波纹，那么轻，那么柔，绝不会洒出一点儿水花。阳光踏在这绸布上，洒上了一串串的光斑，这时的海，美得让人沉醉。

沙滩上，孩子们正顽皮地追逐着波浪，大海好像生气了，狠狠地拍打起浪花——哗、哗、哗……越来越大。孩子们吓得急忙后退，海浪也退了，我躺在沙滩上，看着大海，慢慢地，睡着了……

睁开眼睛，咦，我怎么在海里？四周都是五颜六色的鱼群，它们友好地摇着尾巴，似乎在跟我打招呼，我情不自禁地也向它们打招呼。咦？我哪儿来的尾巴？这一切都是那么的奇怪，可我现在哪有心思管那些？我兴奋极了，这肯定是一次奇妙无比的水底探险。在水底世界里，我看到了茂密的海草丛，五彩缤纷的鱼群，成群舞蹈的水母姑娘，还有正寻找食物的螃蟹大叔……我摇着尾巴继续探险，忽然，一只大鲨鱼张着血盆大口朝我扑来，我着急地四处乱窜，想找个安全的地方，却怎么也找不到。一着急，我醒了，海水正轻轻拍打我的脚丫，一切都只是个梦。

海，正温柔地拥抱着夕阳，海面上没有一丝动静，就那么静静的，夕阳闭上了眼睛，悄无声息地睡着了……

我 是 小 草

谢　菲

我是小草，每天和小花、小虫子一起玩。

在春天里，雨姐姐滋润着我，在我的头顶悄悄洒下甘露。风姑娘来了，拉着我的手，带着我一起舞蹈，我们玩得开心极了。天气娃娃真淘气呀，一会儿哭，一会儿又笑，闹起来让人受不了。不过它开心的时候，特别可爱，它会叫来太阳哥哥一起玩耍，太阳哥哥可好了，给我们带来温暖的阳光，晒得好舒服。不知不觉，我长高了。

夏天到了，我不怕炎热的天气，我变得更加翠绿，在热浪中生机勃勃地生长，有时候，温柔的风姑娘会来找我玩，吹拂着我绿色的裙子，我随着她一起摇摆。

秋姑娘带着她那金黄色的魔法棒不知不觉地走了过来，她喜欢金黄色，所以把一切都涂成了金黄色，我也变得越来越虚弱，慢慢凋谢、枯萎。但是我相信，"野火烧不尽，春风吹又生"，明年，我还会回来的！

吓死我了

黄皓麟

一觉醒来，咦？我的枕头、被子怎么变大了？我的床怎么也变那么大？天哪！家里的一切都变大了！我的手！我身上居然长了六对手！不会吧，我变成了一只小甲虫！

我到底是怎么了？不行，我一定得去照照镜子，看看我现在是什么样子了。唉，我该怎么过去呀？对了，我现在不是有翅膀了吗？对，飞过去。一、二、三，用力！怎么回事，变成了虫子，我居然不会张开翅膀。我好想哭。

"小朋友，你怎么了？"我循着声音望去，只见角落里一只虫子叔叔正在对我仔细打量。

我说："能不能带我去镜子那儿？"

"镜子？什么是镜子？"

"就是那个亮晶晶的，会反光的东西。"

"哦，那个就是镜子啊，简单，跟着我就是。"

虫子叔叔爬得挺快，发现我没跟上来，他回头连连催我："快快快，别跟丢了。小朋友，放心吧，我都在这里住好久了，到哪儿我都熟。"我心想，你再熟，还能有我熟吗？

"小朋友，你要小心这个地方，这里太神奇了，有时会发大洪水的，所以我们都有自己的通道。"这叔叔还真挺细心的，可这不就是卫生间嘛。"好了，我们现在得爬到上面去。"我抬头仰望了一下，好高啊！爬着爬着，不知不觉中，我已经爬到顶了。"前面就是你说的镜子了，我先走了，我就住在门边的那个洞里，有啥事情尽管来找我好了。"虫子叔叔冲我挥挥手，转身爬走了。

我赶紧冲到镜子前，只见镜子里的我，长着甲虫的身体、甲虫的头、甲虫的翅膀，还有那一大堆的脚，这不是真的，不是真的，不是真的！

"啊！"我被惊醒了，我赶紧伸出手脚看看，呼！还是正常的，我还是人！刚刚只不过是个梦呀，吓死我了。

时　光　机

杨晨浩

在一个夜深人静的夜晚，我翻来覆去都睡不着，睁着两只眼睛看月亮姐姐和星星弟弟聊天，突然，一道白光闪过，刺得我的眼睛都睁不开。

光渐渐没有了，我的眼前出现了一台古老的时光机。

时光机上有一个转盘似的东西，一直转个不停，指针指到了20017年不动了，把我眼前的一切都吸了进去。

我睁开眼，发现我飘在天上，我不会在真空里吧？我现在正在下降，降到了20017年的太师附小。

我一路跑到了四年级九十九班，发现里面的地板会用海藻制氧，我跑到了我的座位上，一个和我长得很像的男孩儿正坐在那里。

"我爷爷的爷爷的爷爷……的爷爷，你来啦！"那个小男孩儿高兴地叫道。

"什……什么？"我一脸迷茫地问道。

"你还不知道，我是20017年的你，我发现了一个时光机，所以想让它把你带来。我们先回家吧，我看你也没那么老，就叫你哥哥吧！"

说着，他把我带上了一辆会飞的车，"上车吧！"

"你会开车吗？"我问。

"开什么车？这是全自动的！"

原来是这样，看来以后的祖国还是很发达的嘛！

到了家，我有问不完的问题想问他，一开门，我就冲了进去，咦？家具呢？怎么什么都没有？

"哥哥，你按一下这个。"说着，他拿出了一个控制器，上面有各种家具的图画。

"你按什么家具，就会出来什么。"

哇，好高科技啊，我还想问问题，突然，一阵"喵喵喵"的声音叫醒了我，我一睁眼，我家猫正在叫我呢！

唉，原来是个梦，要是真的就好啦！

放 风 筝

孙起杭

人们都说："三月三，放风筝。"趁今天春光明媚，我来到了公园的空地上放风筝。

一进公园，就看见了各式各样的风筝在天空翩翩起舞。有机灵勇敢的孙悟空，有红色的大鲤鱼，有五颜六色的蝴蝶，还有凶猛的老虎……"哟，放风筝的人真多啊！"我心想。

看！那条眼镜蛇正在空中一摇一摆地飞着，长长的尾巴左右摆动，好像在骄傲地说："这些风筝里，我才是王，谁也别想抢我的位子！"

我也想给他们瞧瞧我的风筝。我的风筝是一只鹰，眼睛瞪得圆圆的，双翅展开，好像随时准备搏击蓝天。

我把风筝线绑在风筝上，再把支撑风筝的架子装上，拿出风筝轴。准备工作完毕，开始起飞！我拿起了风筝轴，把线放出一段后，对爸爸喊了一声："行啦。"爸爸把风筝抛出去，我赶紧向前跑去。正在这时，一阵风刮过，风筝摇摇晃晃地飞上了天空。我想让风筝飞得更高些，于是慌忙地放长了线，谁知关键时刻，风竟然停了。风筝像喝醉了酒似的坠落了下来。我赶紧收线，可是已经来不及了，风筝落到了地上。

第一次放飞就这样失败了。

我没有灰心，准备再来一次。我又像之前那样来了一遍，并吸取了上次的教训。终于，我的老鹰风筝飞上了高高的天空。风筝像懂我的意思似的，越飞越高，终于超过了那条眼镜蛇。它好像在骄傲地说："哈哈，现在我超过你了！"

天快黑了，我意犹未尽地收起了风筝，和爸爸一起回家了。

通过放风筝这件事，我懂得了一个道理：功夫不负有心人，只要不断努力，即使再难的事也能成功。

得意忘形的代价

刘文哲

"我们明天要春游了！"春游的消息很快在校园中传开了。

教室里已经乱成了一锅粥：有的同学为了庆祝，跑到讲台上唱起了世界杯的主题曲；有的在教室里踢起了足球；有的拍着桌子大喊大叫……值日生管都管不住，管好这边那边又起哄，他气得脸发红，干脆不管了，任由大家闹。我也跟着捣蛋鬼们闹了起来，拍着手"助威"，心里想着：老师可千万别现在来呀，要是看到班里得意忘形的我们，一定要气炸了。

没想到，说曹操，曹操到。门"咔"的一声打开了，老师果然来了。在讲台上搞怪的同学逃回了座位上，踢足球的赶紧收起了球，装模作样地坐着……老师看着我们，严厉地说："刚才不遵守课堂纪律、吵闹的同学自觉站起来！"搞怪的同学一个个垂头丧气地站了起来，我想，老师刚才应该没发现我捣乱，我还是悄悄藏着，别站起来了。可是，老师的眼睛紧紧盯着我，好像看透了我内心的想法。我满脸通红，赶紧站了起来。老师说道："看在你们都比较诚实的份儿上，从轻处罚，罚你们每人抄一篇课文。"

我长长地出了一口气，还好我做了个诚实的孩子，虽然被罚，但这是得意忘形的代价。

022

童年趣事

白　巍

童年是人一生中最快乐、最无忧无虑的时光，每个人的童年生活都是一部精彩而又独特的电影，让人回味无穷。我的童年也是这样。

我是在农村长大的。

一到夏天，农村的人们开始了辛勤的耕作，整个村子里便呈现一派忙碌的景象。这可高兴坏了我们这群未上学的孩子们。等大人们一去下地干活，我们便一窝蜂地窜出来，到村子里各个角落"扫荡"。今天轰了李爷爷家的狗，明天撵跑张大妈家的鸡……直到王伯伯挨个儿找到我们这帮调皮鬼的家里，把大人们一顿数落，我们也挨了打，这才收敛了几天。

可孩子们是闲不住的啊！于是，我们不在村里玩了，"组团"爬山。那时农村的山，不像现在这样满山上下鲜有植株，呈现出一种死气沉沉的土黄，而是充满了生机。风一吹。草、树、花便跟着一齐轻轻摇曳，好似一片多彩的海洋。说是爬山，其实就是去山里乱闹一通：捉鸟、挖虫、找野菜，有时还把别人家的菜地给踩得乱七八糟。

最有趣的是在雨后去果园了。雨后的果园满是青草的芳香，脚踩在软绵绵的泥土上，留下一串不深不浅的脚印。桃子变得更加粉红，苹果开始摇摇欲坠。我跃跃欲试地想往树上爬，却一不小心把裤子划破了，真是自讨苦吃啊！

随着年龄越来越大，这样无忧无虑的日子越来越少了，我想念原先的日子，想念那些农村的小伙伴。

被尊重的感觉真好

李 立

大扫除那天，别的同学干完自己的活都走了，只剩下卫生委员、我和一个好朋友留下继续值日。

前面擦玻璃的同学图方便，把脏水直接从楼梯上倒了下去，歪歪斜斜地从楼梯向下流着，好像一条脏兮兮的蛇在游动着。看到这一幕，我们三个赶忙回教室拿来拖把，仔细地擦着楼梯，忙了好久，终于把楼梯擦得干干净净。亮堂的楼道看起来就是舒服，我们三个看着劳动成果，开心地笑了。正准备回家，发现刚刚拖干净的楼梯又变得脏兮兮的，满满的都是脚印。原来是隔壁班刚刚下课，来接孩子的家长和同学好像没注意到刚刚擦洗干净的楼梯，大大咧咧地踩了一遍，留下了密密麻麻一大堆脚印。

我们无奈地叹了口气，把书包送回教室，然后又重新擦了起来。一番苦干之后，干净明亮的楼梯重新对着我们露出了微笑，虽然又累得满头大汗，可我们还是心满意足地笑了。这时，听到"噔噔噔"一阵急促的高跟鞋的声音，一位漂亮的女老师抱着一堆作业本走了过来。"唉，又要白拖一遍了！"我一边想着，一边准备回教室去拿拖把。谁知，女老师走到楼梯口，看到干净的楼梯，好像是对我们说又像是自言自语："呀，这楼梯这么干净呀，我还是一会儿再走吧！"说完，她冲我们三个笑了笑，转身回到了办公室。

虽然只是简单的一句话，却让我们感动了好久。理解万岁，这种被尊重的感觉真好。

爱的小屋

如果把爱比作烟火，我喜欢绚烂的；如果把爱比作花香，我喜欢沁人心脾的；如果把爱比作茶水，我喜欢香浓的。在我眼里，爱是悄无声息却又让人刻骨铭心的。

爱的围巾

闫泓宇

窗外的大雪纷纷扬扬地下着，屋子里却格外温暖。

奶奶笑着对我说："你爸爸的这条围巾，你戴着真好看！"

我小的时候，爸爸总是接送我上学。有一年冬天，天气特别恶劣，天空中飘着鹅毛大雪，凛冽的寒风不停地划着人们的脸，地面上结了厚厚的一层冰。走出教室，我冻得直哆嗦，远远地看到爸爸跑了过来，头发"白"了一大片，脸被冻得通红，僵硬的手拿着一条围巾，他边给我戴围巾边说："儿子，赶快戴好了，别冻感冒了……"

不知不觉我上三年级了，又是一个雪天，我走在回家的路上，冷极了，正愁怎么办，这时一个身影向我跑来，哦，太好了，原来是爸爸！爸爸给我戴上围巾，我瞬间感到特别温暖。爸爸说："以后再遇到这样的天气，就在学校等着爸爸。"

又是一个冬天的下午，大雪纷飞，寒风呼啸，我在家靠着暖气片看漫画。忽然，想起爸爸今天出门没戴围巾，我赶忙拿起围巾，跑去爸爸的公司，看到爸爸正在公司门口冻得浑身发抖。我把围巾递到爸爸的手中，爸爸激动地说："我的儿子长大了，懂得关心爸爸了。"我不好意思地挠挠头说："这是我应该做的。"

抬头看到爸爸嘴角的那一抹微笑，我心里也乐开了花。

爱 的 小 屋

郑安娜

如果把爱比作烟火，我喜欢绚烂的；如果把爱比作花香，我喜欢沁人心脾的；如果把爱比作茶水，我喜欢香浓的。在我眼里，爱是悄无声息却又让人刻骨铭心的。

还记得四年级期末考试的前一晚，繁华的路灯照亮着幽暗的小路，我透过窗户，看见忽明忽暗的灯光，在这个静谧的夜晚，我坐在书桌前复习着，时间已经是10点多。"吱"的一声，书房的门打开了，轻盈的脚步声慢慢走近，妈妈一如既往地端着一杯热牛奶向我走来。我无奈地说道："我不饿，你自己喝吧！"妈妈听后，什么也没说，只是将牛奶放在桌子的一旁，轻轻走出房间，关上了门。

我很纳闷儿：平时妈妈总是对我絮絮叨叨，今晚怎么一言不发？复习完功课，我来到客厅。客厅的灯依旧亮着，电视的荧屏五光十色，却被调成了静音，五彩缤纷的颜色在爸妈的脸上流转着。他们都睡着了：爸爸的呼噜声忽大忽小，妈妈将头靠在爸爸的腿上，蜷缩着身子，嘴角微微上扬。我想，她一定是梦到了我们一家人出去游玩的场景了。

在这幽静的夜里，我悄悄关掉电视，离开了客厅……就这样，一个宁静的深夜，一个融洽的场景，从此印在我的脑海里，让我对爱有了更深的理解与诠释。爱来得就是那么悄无声息却让人难以忘怀。夜，已经入睡；爱，独自醒着……

幸福很简单

颜洁莹

幸福，其实很容易得到，这就要看我们能不能留心生活。

姐姐比我大九岁，除了爸爸妈妈，最爱我的就是我的姐姐。

姐姐只有在暑假和寒假的时候回家，我们俩属于那种见面就打、不见面又十分想念的姐妹。姐姐在家的时候，我们俩几乎每天都会拌两三次嘴，妈妈也经常为此批评我们姐妹俩。我俩拌嘴都是因为生活中的那些烦琐小事。比如，她嫌妈妈偏爱我了，我不服气，便反驳她，于是我俩就吵起来了。再比如，我嫌她给我留零食留得少了，她很委屈，说我贪心，争执便又会以吵架而告终。

说心里话，有时我很烦姐姐，埋怨妈妈怎么会想到生两个孩子；有时又很爱姐姐，庆幸妈妈会生两个孩子。

记得我四年级的时候，我比姐姐睡得早，但我躺在床上却睡不着。一会儿，姐姐来准备睡觉了，我怕她说我，便假装睡着了。姐姐见我睡着了，爬上床，俯下身来轻轻吻了我的脸颊。我立刻转过身来，调皮地冲着姐姐笑，把姐姐吓了一大跳。

寒假结束了，姐姐又要回学校了。临走时，她轻轻地俯下身来，吻了我那胖嘟嘟的脸颊。这次，我没有高兴，眼泪汪汪地舍不得她走。我开始后悔以前与姐姐的吵架，后悔没有好好珍惜和姐姐在一起的时光。姐姐那轻轻的一个吻，烙在了我的心上……

幸福，其实很简单。

什么是幸福

谢蓉蓉

小时候，我听到妈妈说幸福这个词，一直都不懂它的意思。

我问妈妈，妈妈说："幸福是冬日里妈妈端给你的一杯热牛奶。"我问爸爸，爸爸说："幸福是我熟睡时嘴角扬起的微笑。"我问爷爷，爷爷告诉我："幸福是秋日里丰收的果实。"……

在我的记忆中，幸福就是那个特殊的生日。刚上五年级时，我不小心伤到了胳膊，一个多星期没去上学，每天在家待着，难受得要死。终于，我养好了伤，回到了学校。刚走进教室，就被眼前的景象吓到了。教室里挂满了五颜六色的彩带，黑板上写着"祝蓉蓉生日快乐"，同学们齐声唱着生日歌，一个大大的蛋糕摆在课桌上。此时此刻，一股暖流穿过我的心，眼中的泪珠不听话地掉了下来。原来，老师和同学们一直都牵挂着我，还记着我的生日。我感动地说："老师，同学们，谢谢你们让我过了这样一个终生难忘的生日，谢谢你们让我知道什么是幸福！"

窃 玩 记

焦卓洋

"转过街角，看见饭店的招牌，闻见炒菜的香味，听见锅勺敲打的声音，我放慢了脚步。"这是林海音写的《窃读记》中的一句话，每当我看到这段话时，我总能想起一次窃玩的经历，还有当时复杂的心情。

那是一个阳光明媚的早晨，妈妈要出去办事，让我一个人待在家里把作业完成。我爽快地答应了，因为我知道这可是一个窃玩电脑的好机会，机不可失，时不再来。妈妈刚走，我就得意扬扬地把电脑打开了，刚打开电脑，便听见钥匙开门的声音，我心想："一定是妈妈想突击检查，看看我在干什么。"我毛手毛脚地关掉电脑，拿起了书，坐在沙发上装模作样地看。妈妈进门后，看到我正在看书，夸了我两句，急急忙忙又走了，原来她忘记带包了，真是虚惊一场。

听到关门声后，我蹑手蹑脚地来到门前，通过门上的猫眼向外看，确定妈妈已经走了。然后，就开心地玩了起来。这一玩，好像走火入魔了，玩得什么都不知道。不知过了多久，我听到了一阵脚步声，糟糕，妈妈回来了。我还没来得及关掉电脑，妈妈已经站在我身后了。

"作业做完了吗？怎么又玩上电脑了！"妈妈一边说着，一边拿起我的作业本检查起来。"怎么回事？我出去这么久，你一点儿作业都没做？"妈妈生气了。

我好后悔，我以后再也不窃玩了。

好了，我不和你们说了，我要赶快去向妈妈承认错误了。

我好后悔

张 政

随着时光的推移，我以从一个无知的孩子，变成了一个五年级的大孩子，在我的脑海里，那一刻总是记忆犹新。那时的我才刚上小学三年级，特别贪玩，特别调皮。

一天，我早早地应付完功课就去姨妈家与表哥玩耍。玩了一阵以后，我们觉得很无聊，忽然，我看到房顶上晾的鞋子，灵机一动想出了一个绝妙的主意。我把哥哥拉到院子中，对他说："哥哥，我们用石子将房子上的鞋子打下去，谁击中的多，就算谁赢了，好吗？"哥哥连声叫好。然后，我们就兴冲冲地分头去找"子弹"。

游戏开始了，枪林弹雨般的石子一起飞上天空，大的如鸡蛋差不多大小，小的如棋子一般，可是由于命中率不高，那几只鞋子仍然躺在那里一动不动。后来，我们采取一个一个扔的措施。我击败的敌人胜过哥哥的，不由得骄傲起来。房顶上还剩下最后两只鞋子，我只要再打下一只，就赢定了。我使劲将石子扔上去，没想到石子又弹了回来，"哐"的一声，玻璃砸碎了。我心想："完蛋了，我肯定会被姨妈教训的，我该怎么办？与其被姨妈训，不如主动去找姨妈承认错误。这么冷的天，我把姨妈的玻璃砸碎，再说这快天黑了，如果买不到玻璃，姨妈会不会生病啊！"我马上去找姨妈道歉："姨妈，对不起，我把您的玻璃打碎了。"姨妈抚摸着我的头亲切地说："知错就改就是好孩子，玻璃碎了可以贴上呀！"

后来，姨妈用胶布把窗户的玻璃补了起来，我心里的歉意一点点涌上来，我好后悔。

有一个姑娘

徐 形

镜子中的她是那么普通。

她没有古典美女的端庄、秀气，也没有双眼皮、大眼睛。浓密的黑发下，只有那弯月似的眉毛还算美丽。一边长一边短的睫毛旁是那闪亮的眸子，小巧玲珑的鼻子在一张大嘴上微微得意。虽然是瓜子脸，但我依然觉得她不美。

俗话说得好，"上帝关上一扇门，必然打开一扇窗"。上帝没有给她美丽的外貌，但是给了她甜美的嗓音，演讲、主持成了她的强项，活动中经常能看到她的身影。每次活动结束后，常有同学对她说："听完你的演讲，我浑身上下起了'小米'。鸡皮疙瘩掉了一地。"

比起同学们对她的评价，更让她担忧的是她的坏脾气。

不知怎的，她的脾气可不小。一年暑假，堂姐到她家来玩，正逢她生日，她觉得涂奶油很好玩，便恶作剧般地涂在姐姐脸上。姐妹俩就这样相互涂了起来，谁知姐姐占了上风，她就不乐意了，钻进房间再也不出来了，弄得姐姐很难堪。

"大马虎"是她的代名词，曾被数学老师评价"粗得连心都没有了"，可见她真是太不认真了。忘记本子、圆规、书对她来说都是平常事。上小学这几年中曾丢过一条很贵的跳绳、数学书、笔袋，最严重的是期末考试居然忘记写名字。这已经成了她的一块心病，什么时候才能治愈呢？

虽然粗心，学习成绩还是蛮好的。作业中遇到棘手的问题，她不慌不忙先把其余题做完，再主攻这一个，额头上的汗密密麻麻地排列着，右手不停地计算着。不知是为了品尝解完难题后的喜悦，还是心中那股不服输的想法异常强烈，在反复的思考下，那道题被她收入麾下。攻克难题成为她的一种享受。

哈哈，这就是我！

033

我生病了

郭紫嫣

每个人都有生病的经历，我也有，虽然过去三年了，但这一次的生病经历却让我难以忘怀。

当时，我上二年级。刚开始，我感觉喉咙在疼痛，好像针扎了一下、又一下，但是我没在意，心想肯定是没喝水才造成的。后来，我的嗓子疼开了，感觉喉咙里有火在燃烧似的，我痛苦地用手揉着我的颈部。妈妈看见我愁眉苦脸的样子，说："张开嘴，让我看看。"我张大嘴巴，发出"啊"的声音，妈妈说："你上火了，要多喝水。平时不是告诉你，要多喝水吗！"我并不敢接妈妈的话，上学时妈妈给我带的水杯里的水，下课时，光顾上和同学玩耍，并没喝，放学时倒掉了，早知今日，何必当初呢。

于是，遵照妈妈的吩咐，开始喝水。我喝下了第一口水，感觉喉咙裂开似的，喝下去以后嗓子里越来越疼，感觉水变成气体，在烤着喉咙似的，我想，肯定火气越来越大了吧。那时，我忍着生病给我带来的痛苦，边喝温水边轻轻地按我的喉咙，那一刻，我喉咙非常难受，心里更是懊悔，我为什么要自作自受，妈妈说要多喝水，我却当作了耳旁风。我好想让喉咙好一些，然而，一切努力都白费。

妈妈见势不妙，把我送到医院。医生诊断是嗓子发炎了，并开了药单。护士阿姨要为我输液，我看着输液的针头，我感觉那就像刀锋一样，怕极了，看着都感到手疼。我心里有一万个不愿意，但是为了病魔不再伤害我，我咬着牙，闭上眼睛让护士阿姨为我扎针，心里像敲鼓似的咚咚直跳，我心里在安慰自己："没事的，扎了针我就好了，我很坚强！"果然，针扎上了，我只感到一点点疼痛，一会儿又感到了液体凉凉地从手腕处流入身体，我悬着的心终于放了下来。输了几天液后，我的病好了。

这次生病的经历，让我明白了在疾病痛苦面前，一定要坚强，要勇敢面对，积极治疗。我也懂了，不听老人言，吃亏在眼前，家长的善意吩咐，一定要牢记。

捉鱼的意外

张继萱

一大清早，我跟着爷爷去捉鱼。

堤坝上的泥路脏兮兮的，青草的香味特别好闻，我戴着一顶草帽，骑着黄牛，对着爷爷嘻嘻哈哈。

很快，我们就来到了湖边，湖水有些浊，但小鱼还是一条一条清晰可见。爷爷抱着我上了小船，开始向湖中心划去。我站在船头，兴奋地跳着，忽然，船抖了几下，我一个没站稳，"扑通"一声掉进了水中。沉下去的那刻，有些晕头转向，怎么到水里来了，爷爷呢？爸爸呢？我恐惧着，也不知是怎的，眼前一片模糊，水有些浊，看不清外面的事物，隐约看到一只手在水中来回晃，把水搅得更浑了。

渐渐我闭上了眼，感觉有些轻松，也不知什么时候，我睁开眼，发现自己躺在那小船里，头晕晕的，两耳发出"嗡嗡"响声，一时半会儿没缓过神来。

过了好久，我慢慢爬起来，把头靠在船身上，看着爷爷在船头收鱼。爷爷笑着说："你个小娃娃，这么不识水性，怎么样，落入水中感觉如何？"我好像失忆了，模糊地记得好像落入过水中。爷爷又说："今天鱼没有捞上来很多，倒捞出你这么个小娃娃来。"我傻傻地笑了。

夕阳下山了，我们也该回家了。我看着这湖，依依不舍地骑上了牛……

童年的秋千

钟子涵

今年暑假，爸爸带我回到了老家。刚进村口，远远就看到了那架秋千。

这架秋千，是我儿时的玩伴，它挂在一棵老桂花树下。两根粗壮而结实的麻绳连接着一块木板吊在树枝上，并不像公园中的铁秋千显得那么生硬。好几年过去了，它仍悬挂在树下。

平时最热闹的也许就是这儿了。几个小伙伴约在桂花树下，争前恐后地抢着要荡，一些孩子荡，另一些孩子推，玩得真是不亦乐乎！只可惜，每次只能玩一小会儿，还没玩够就要让给下一个小朋友玩了。

牛牛哥是我们这群孩子的老大，每次荡秋千，都是他带着我们玩。有一次，天空下着毛毛细雨，我一个人在家待着实在无聊，就偷偷跑去荡秋千。我手脚并用爬上了秋千，美美地玩了起来。我越荡越高，越荡越开心，玩得忘记了时间。后来，我玩累了，这才想起了回家。可是，秋千那么高，我自己不敢跳下去。像是儿歌里唱的那样："小老鼠，上灯台，偷油吃，下不来……"我正挂在秋千上抹眼泪呢，牛牛哥的声音传了过来，原来，爷爷回家找不到我，便让牛牛哥帮忙找我了。他把我从秋千上救了下来，背着我向家走去。

秋千啊，给予了我多少童年的快乐。我回忆着，重温着，揣摩着那一刻。这是一个独一无二的感受：我想重回故乡，看望我的老朋友。

我爱家乡的秋千！

学　面　塑

成鹏宇

我原来觉得自己和艺术八竿子打不着，唱歌吧，五音不全，画画吧，选作品从来没有过我。通过这次面塑实践课，我发现艺术原来和我离得是那么的近。

上手工课了，郑老师给我们进行了分工，女生负责整理牙签、竹签及颜料的准备工作，男生负责揉面。揉好后，分小块，让我们把颜料揉进面里去，揉、拉、搓均匀地混合在一起。我揉的是绿色的，为了颜色和面更好地融合在一起，我简直用尽全力。再看看我周围的小伙伴，有的是黄色的，有的是红色，还有的是粉色的、黑色的，真好玩。我们越揉越来劲，再看我手里的面团，已经光光的，像绿色的玉石，我才罢休。接着，老师把面团给我们分了一下，每人的桌子上，都有了不同颜色的面团，马上就要做面塑了，我真是有些迫不及待。

老师先给我们演示做了个熊猫，并讲解做面塑的方法。只见老师先取了一些黑色和白色的面团，把白色分开一些来做头，一半做身体。只见老师灵活的手把面团揉成了小圆球放在一旁，再把身子揉好。老师说："一定要记住头大身子小，不然不好看。注意动物身体的比例和特点。"老师用黑色做成脚、手、耳朵、眼睛，再把它们一个个插在竹签上，三下五除二，这样一只可爱的熊猫就做好了。老师还教我们做了金鱼、牡丹花，还有人物面塑。多么神奇呀，一块块面团，在老师的手里竟然成了一件件栩栩如生的艺术品！我们看得目瞪口呆，惊讶地叫了起来。这时，我们都跃跃欲试。

终于该我们做了。我想做一个大熊猫，用一个白色的大点儿的面团做椭圆的身子，小点儿的白面团揉成圆形做脑袋，接着，用黑色的面团做四肢以及面部器官。然后，用牙签把它们连接起来。可是不知怎么搞的，身体太胖，四肢和身体不配套，耳朵耷拉着。我总结了经验，重新做了起来，一只憨态可掬、黑白分明、可爱万分的大熊猫就诞生了！这时，老师拿起我做的熊猫，让大家欣赏，我心里高兴极了，我竟然做出了这么漂亮的熊猫！

这次不仅做了面人，我们还蒸了花馍。老师在我们做面人的时候就把面发酵好了。老师给我们每人发了一块面，让我们把它揉好，然后就可以做花馍了。我揉啊揉，把它揉得像婴儿的皮肤一样光滑。这时候，老师在一旁做好了一只小鸟，小鸟胖乎乎的。我也跟着做了一只小鸟，把面团揉成小蛇样的长条，像绳子打扣一样，一绕，用梳子压下花纹，用剪刀在做背部的地方剪出尖尖的羽毛，下面的一端，压扁，压上花纹，就成了小鸟的尾巴。头呢？别急，上面的一端，用手一捏，捏出尖尖的嘴，用红豆做了小巧的眼睛，美丽的小鸟在我手里诞生了。同学们做了桃子、小鸟、刺猬、蝴蝶等等好多好看的花馍。老师把花馍放在笼里蒸半个小时，我们各自都拿上了自己的作品。此时，我们激动万分，仿佛我们都成了小小的面塑家一样！

快乐的时光总是过得很快，看着我做的面塑熊猫，端着我做的小鸟花馍，我的心里有表达不出来的高兴。我对自己充满了信心，看来，我也有艺术细胞呀！在不知不觉中，郑老师就带领我们走进了艺术的殿堂。原来，艺术就在我们的课堂，就在我的身边，就在我的手中！

学包馄饨

洪 宇

我学过游泳、溜冰……而最令我记忆犹新的，还是那次学包馄饨的情景。

阳光明媚的一个星期天，妈妈买了馄饨皮，准备和我一起包馄饨。我一蹦三尺高，因为我只吃过馄饨，从没有包过馄饨呢！我和妈妈洗净双手，调好肉馅。好啦，现在万事俱备，只欠包馄饨了。

开始包馄饨喽，只见妈妈挑一小勺肉馅到皮上，一捏，一个似花儿的馄饨诞生了。我想：这岂不是张飞吃豆芽——小菜一碟，太简单了吧。我学着妈妈的样子，拿起一张馄饨皮，放进了一点儿肉馅，用力一捏，不好，劲儿使大了，都成面疙瘩了。天啊，假如我包的和妈妈的放在一起，妈妈包的如绽放的花朵，而我的却如凋谢的花朵。我没有气馁，吸取教训，又拿了一张馄饨皮，没想到一兴奋，肉放多了，我再次一捏时，肉竟然冒了出来。我立即拿了一张皮去补，心想：亡羊补牢还来得及。谁知，馄饨像跟我作对似的，那张皮怎么也粘不上去。我打起了退堂鼓，可妈妈的火眼金睛似乎看穿了我的心思，说道："学做事怎么可能一帆风顺，注定有许多困难，不能放弃的！"我听了这句话，战斗力提升了许多，不断总结经验，一连包好几个，一个小巧玲珑的馄饨终于从我手中诞生了，也像一朵盛开的花儿，那股高兴劲儿就甭提啦！我又趁热打铁包了好多个，不一会儿，馄饨就包完了。

吃着香喷喷的馄饨，我感觉从未品尝过这么美味的大餐，太好吃了！是啊，"纸上得来终觉浅，绝知此事要躬行"，包馄饨让我懂得了有付出就有回报。这次学会包馄饨的感觉真好！

目睹"春天"

林明哲

刚才，在学校门口，我目睹了"春天"的到来。

虽然已经是春天了，可天气还是那么冷。学校门口的奶茶店前，排起了长长的队。好冷啊，买杯奶茶喝吧。我缩着脖子，排到了队伍里。

"哎呀，这么冷的天，你不冷吗？"我随着声音望去。一位穿着校服的女孩子，站在路边一个盘地而坐的乞丐前，关心地问道。那乞丐衣衫褴褛，面色冻得有些发紫，在寒风中瑟瑟颤着，只是摇着头，发青的嘴唇动了动，还是什么也没说。他的面前放着一只缺了口的铁碗，碗中只有寥寥无几的硬币。她从钱包里掏出几张纸币，蹲下身，递给乞丐，乞丐颤着手接了。她不好意思地冲乞丐笑了笑，抿抿嘴："我没有多余的零花钱了，对不起。"

"林明哲！"女孩儿转身看到了我，向我走来，"把你的奶茶给我！”这可是我冻了老半天才买到的呀，我一口都还没喝呢。没办法，我的这位同桌从来都是这么霸道，她抢过我的奶茶，又向乞丐走去，把我的奶茶送给了乞丐。那个乞丐勾了勾嘴角，声音嘶哑地说了一声：“谢谢。”

我感到一阵温暖，因为，我正与春天做伴。

来自陌生人的温暖

牛　青

温暖，是冬季的一抹阳光；温暖，是雨后的一道彩虹；温暖，是久旱的一滴雨水；温暖，是黑暗里的一片亮光。

大多数的温暖来自于亲人的关怀、朋友的帮助，这些温暖使我们感到幸福，也理所当然地享受着、拥有着。但是，有些温暖，却可以让我们铭记一生。

去年七月份的一个下午，我走在回家的路上。到了一个路口，我停了下来准备穿过马路，可是两边的车流连绵不绝，等了一段时间，我便没了耐心，准备冲到路对面。终于让我等到了机会，刚刚开过的车和后面的车有一段距离，我猛地冲了过去，后面的车紧接着呼啸而过……我一阵心惊，随后又沾沾自喜。这时，马路对面的一位老爷爷大声叫住了我："孩子，好好看路，别这么心急啊。"我不好意思地朝他笑笑，脸有些发烫。看着老人那关切的眼神，心中除了惭愧，更多的是感动。

那天之后，每次过马路，我都会耐心等待。明明是多么微不足道的一件事，但回忆起来是那么清晰。

生活中还有很多这样的人，你与他仅是一面之缘，却因一个微笑，一句问候，一声提醒，一双援手，便让他深深刻在了你的脑海，像一缕春风拂过了自己的心田，为寒冷的冬天带来了温暖一般。

什么是美

任莉莉

星期天，我乘坐公交车去姥姥家，一上车，就看见一个漂亮的大姐姐。由于车上没有座位，我只好站着，于是我站在姐姐旁边，时不时地盯着她看。"好漂亮！"我心想。

一会儿，就到了下一站，一位阿姨抱着可爱的小宝宝很吃力地挤上了车。司机见状说："请给抱孩子的乘客让个座。"车内鸦雀无声。阿姨走到了我身边，我看了看漂亮姐姐，她正在全神贯注地欣赏着窗外的风景，丝毫没有让座的意思。就在这时，一位老奶奶吃力地站了起来，"来，闺女，坐我这儿！"阿姨一看是位老奶奶，连忙推辞："您那么大年纪了，怎么能让您让座呢？"老奶奶急了："你抱着孩子呢，挤着孩子怎么办？还是你坐吧！"这时一个小伙子让了座，才结束了这场推让。

这位白发苍苍、满脸皱纹的老奶奶才是最美的！

陌生的温暖

唐 冲

小时候，每日放学我便在校门前的一棵大柳树下等候爸爸。

那天，爸爸意外加班，我独自站在大柳树下，等着爸爸来接我。太阳早已消失在地平线，风呼啸着，吹着头顶的柳枝毫无规律地舞动着。

"爸爸怎么还不来？"我越来越急躁，越来越不安，不时向西边路口看去，期待着爸爸的身影。天渐渐暗下来，我害怕地在树下号啕大哭。

忽然，我听到了车子轧过地面沙石的声音。我抬头望去，是几位学校的老师路过。她们看到我，停下车，亲切地问道："小同学，你为什么哭啊？"

"我……我不能……回家……家……了。"我抽泣着，似乎看到了希望的火苗。

"你爸爸妈妈呢？"她们中的一位问道，她的眼里闪着关心的光芒。

"我爸爸……没……没来接我……"

"那怎么办？"她们围在一起商议了一会儿后，其中一位老师问道，"你家住哪儿？"

"南……南苑……"

她把我抱上了自行车后座，亲切地说着："不哭，马上就到家啦。"

原来，她是要冒着夜色送我回家。

……

日月如梭，光阴似箭。那一夜，她们的声音、容貌、衣着，如今我早已忘却；她们乐于助人的菩萨心肠，却深深住进我的心房……

小 雪 球

马宇轩

最近，我的家里常常有一只毛茸茸的小雪球蹦来跳去，一会儿到窗前看看，一会儿去桌子下遛遛。没错，它是我家的新成员——小兔球球。它披着雪白的大衣，摸上去又柔软又光滑。头上两个又大又长的耳朵，高兴了就会立起来，闯了祸马上又垂在背上。红宝石般的大眼睛，滴溜溜一转，一个坏主意就要出来了。最可爱的是身子后面，一个团成圆球的尾巴，和它滚圆的身子正好像一大一小两个毛球，所以我就送了它一个好听的名字——球球。

别被它可爱的样子迷惑哦，它可不是一只温顺的小绵羊哦。

球球是个小吃货，每顿饭都是狼吞虎咽，不管是不是刚吃过饭，它都会瞪着大眼睛找来找去，什么东西都想放到嘴里嚼一嚼。那天，我正在屋里写作业，突然听到一阵"哗啦哗啦"的声音。我急忙趴在毯子上看，原来球球不知什么时候溜到了床底下，正忙着进攻床底的纸箱子。它一会儿挠挠这个，一会儿啃啃那个，两个大耳朵晃来晃去，就像强盗见到了宝藏一样。"球球，出来！"听见我的叫声，它一蹦就躲到了箱子后面，只露出两个耳朵一动也不动。没办法，我只好使出绝招了，拉开装着兔粮的柜子，拿出一袋兔粮摇了摇，"哗啦哗啦"，一只白影一闪就出现在身边，竖起两个白白的大耳朵，小嘴连连拱着我的手。

球球是个闯祸精，它知道哪些地方不能去玩，那里一定是它最喜欢偷偷光顾的地方。那天早晨，大家都在忙着自己的事，球球自己在屋子里转来转去。这时，只听到"扑通""哗哗哗"一阵声响，大家都吓了一跳，连忙跑过来看。原来，球球看到厕所里盛满了水的洗衣盆，可是伸长了脖子也看不到里面是什么，于是它用力一跳……我们都笑弯了腰，连忙把正在里面奋力游水的"小潜艇"捞了出来裹上毛巾，看着它耷拉下来的大耳朵，委屈的小嘴一抽一抽的，真是让人哭笑不得。

球球还是霸道鬼，自从来了我家，就成了家里的小霸王。那天它盯上了妈妈种的海棠，那海棠有一米多高，开的花又大又多，常被客人夸赞。它围着花盆转来转去，一会儿两个小爪子搭在花盆边伸着鼻子凑近花闻，一会儿伸着小手拨拉叶子。我看到了，连忙说："球球，不许欺负花！"它好像听懂了一样，连忙从花盆上爬下来，趴在旁边，耳朵收在身上，好像说："我就看看，不动不动。"可是，一会儿我再回到客厅的时候，只见地上掉满了花瓣，花枝上也只剩了寥寥无几的几片叶子。球球胖胖的身子竟然那么灵活，居然站在花盆上前爪搭着花枝，两个大耳朵都立起来，一个冲前一个冲后，正得意扬扬地翘着三瓣嘴"咯吱咯吱"地嚼着花叶。它一看到我，马上跳下来，又变回了乖乖兔，用小嘴拱着我的手，好像在说："是它先欺负我的。"真是让人又恨又爱。

这只小雪球，从来的第一天就闯了无数的祸，也给我家带来了数不清的快乐。

黑　炭

周　研

春天，我家添了个新成员"黑炭"——一只八哥。瞧，一身黑色的羽毛，好像擦过油似的，又黑又亮。一双黑色的眼睛，眼珠子像一个微炭球，又圆又亮，所以我给它取名为"黑炭"。

"你好……你好……"八哥的问候和它的可爱给我们家带来了无限的欢乐。今天，我来扒扒它的那些糟糕事。

刚开始，黑炭很胆小，站在笼子的一角，我把门打开，它死活不肯出来，我气极了，把笼子一斜，它像一个毛线球掉在沙发上，缩在沙发的一角，我只好温柔地对待它。后来，它自以为安全了，便开始四处乱飞。一天，妈妈出去买菜，我和爸爸吃早饭，看着黑炭飞向阳台，见到妈妈种的一叶兰（妈妈特别稀罕这个花），便用小嘴啄了起来，我和爸爸见势不妙，赶忙去捉住它关进笼子。一会儿，妈妈回来了，果然不出所料，妈妈高八度尖叫："是谁？是谁？谁把我的一叶兰弄坏了！"我和爸爸不约而同指向黑炭，黑炭站在笼子里，居然也在叫："是谁……是谁……"天啊，我和爸爸笑得差点儿抽筋，妈妈气得盯着笼子发一阵牢骚，并下达命令："以后，谁也不准让黑炭出来，谁放，我和谁急！"

没过多久，我偷偷放它出来，居然给我掉链子。好不容易练完毛笔字，我出去洗一下手，没想到它乘虚而入，看到墨水碟，估计以为里面是什么好吃的吧，便踩了上去，踩翻墨碟！更要命的是，又在我的作业纸上走来走去。天啊，当我回来时，看到满是墨水的桌子和图案丰富的作业纸，我也高八度尖叫："以后，谁也不准让黑炭出来，谁放，我和谁急！""急……急……"黑炭边叫边飞到笼子里，似乎在幸灾乐祸，我晕！

让人哭笑不得的黑炭，还是喜欢你哦！

小　　黄

冯诗媛

小黄是姥姥家院里养的一只小狗，它非常可爱。

小黄一身棕黄色的毛，毛里边没有一点儿杂毛，而且它的毛又细又密，光滑透亮，就像披上了一件高档皮草。它的耳朵又大又直，时刻保持着警觉。大眼睛圆溜溜的，闪着光。张开嘴，露出雪白的牙齿，叫人胆寒。叫它小黄，只是因为它身材矮小，其实它都五六岁了。

小黄十分可爱。有一天，我刚一进姥姥家的大门，小黄便放开它那高音喇叭，"汪汪"大叫，眼睛瞪得大大的，像个铃铛，好像在说："主人，主人，主人，客人来了！"它往左跳一下，往右蹦一下，使劲地挣着脖子上的绳子，嘴里还发出些声音，好像着急地过来和我一起玩耍，可是它被牢牢拴起来了。我受到它的欢迎，跑到它的跟前，一边叫着"小黄""小黄"，一边轻轻抚摸着它的头，它发出小声的哼哼，像个孩子在撒娇。

我见它这样，马上就跑去厨房里拿了一根香肠，我叫"小黄，小黄"，小黄的眼睛发出了亮光，低声的"汪汪"是那样柔和，好像在说："馋死我了，快给我吃吧！"看到这个样子，我把香肠举到它的头顶，说："小黄，快来！"小黄高兴地猛地一跳，我手马上快速地往上一提，小黄落空了，于是它把嘴张得大大的，又使劲往上一跳，我又把香肠藏到背后，小黄还是空口落地。小黄这时不再跳了，而是用它那炯炯有神的眼睛看着我，眼睛一眨一眨的，显得可怜巴巴的，还委屈得发出"呜呜"的低吟。我逗够了，就把香肠给了它。小黄低头马上吃起来。它左嚼一下，右嚼一下，吃得那才叫津津有味，好像在馋我似的。不一会儿工夫，它吃完了，然后回到窝里。看，它眯着眼睛，用细长的舌头在嘴边舔舔左边，舔舔右边，好像在回味着香肠的味道。

别看小黄和我这么温顺，看家护院，丝毫不马虎，有它在，姥姥觉得家里特别安全。自己的家人进院子，一声不吭，理都不理。如果是陌生人，一听到脚步声，它就厉害地狂吠起来，又是蹦又是跳，吓得来人不敢进门，非得吵得姥姥亲自迎接。

看家护院是狗的本职工作，不值得我为它炫耀，但是，它抓捕猎物的一幕，却让我对它刮目相看。一次，一只麻雀飞到小黄的喝水盆边来喝水。在窝里趴着的它，开始一动不动，不发出任何响声，等麻雀开始喝水了，只见它悄悄地走出来，以迅雷不及掩耳之势，用左前爪子快速一按，麻雀尽管挣扎，但逃不掉。小黄用锋利的牙齿咬掉翅膀，扔在一边，麻雀的身子就成了它鲜美的大餐了。

每次，我从姥姥家要回家的时候，小黄都会站在那里，望着我，见我要走，急得它又开始挣拴狗绳子，想要跟我走，"汪，汪，汪汪汪",是那样的不舍,好像是在挽留。从它的叫声中,我感受到它对我的依恋。

我喜欢小黄!

小白狗"叮叮咚咚"

陈怡欣

今天,我从老家带来一只可爱的小狗,它穿着一身"白毛衣",眼睛又黑又亮,鼻子是三角形的,可爱极了。

我和弟弟给它取了一个名字"叮叮咚咚"。记得小时候,妈妈给我买的玩具狗脖子上系着一个铃铛,小狗走起路来,铃铛就发出"叮叮咚、叮叮咚"的响声,所以,我们就给它取了这个悦耳动听的名字!

在回家的路上,"叮叮咚咚"一直在叫,可我们不知道为什么,于是就问奶奶。奶奶笑着对我们说:"是不是小狗感觉饿了?"我说:"出门时,刚喂了它馒头,应该不是吧!"弟弟说:"那是不是在车里太闷热了,我们给它透透气吧!"过了一会儿,小狗还是一直汪汪地叫,我想:"是不是它找不到它的家人,感觉太孤单了啊!"一到家,我们赶紧把它抱出来,给它找来一根火腿肠。

"叮叮咚咚"在我们家过得很快乐。每天放学后,我第一件事就是找它玩儿,把我喜欢吃的火腿肠分给它吃,吃东西时,我把食物故意扔高一些,"叮叮咚咚"就把两个前腿抬高,眼睛一直看着我,它还一直朝我作揖呢。时光飞逝，"叮叮咚咚"逐渐长大了，也变得越来越聪明了。

有一天，我们带着它出去散步。一路上，我们边走边聊天，却把"叮叮咚咚"忘了。过了好长时间才想起了它，可是，它已经消失得无影无踪了。于是，我们东找找，西瞧瞧，可还是没发现"叮叮咚咚"的影子，再一看道路，前面有好多条岔路，这去哪儿找啊？我们以为它走丢了，便伤心地回家了。当我们走到三楼时，隐隐约约听到了它的叫声，回到家门口一看，"叮叮咚咚"就蹲在大门口了！看到我们回来，它高兴地朝我们跑来！

还有一次，奶奶正在织毛衣时，毛线掉到了地上。"叮叮咚咚"立刻按住了毛线球，把毛线球当作自己的玩具，一会儿踢到东，一会儿踢到西，过了大概五分钟，才把毛线球用嘴叼着交给奶奶。

这就是我家的小白狗"叮叮咚咚"，一只多么活泼、可爱又聪明的小白狗啊！

那一抹难忘的馨香

　　看似弱小、纤细的梅花，是如何冲破厚厚的冰层的？当它被寒风一次次撕扯，被霜一次次打落，它只是伏下身，又倔强地直起腰来。我这一点儿挫折，比起梅花来，又算得了什么呢？成长路上的磕磕碰碰是难免的，只要努力坚持，办法总比困难多！

宫廷玉液酒

段昭文

一晃又是五百年了，俺老孙闲来无事，回到凡间去转悠转悠。

咦，那边里三层外三层围了个水泄不通，待俺也去凑凑热闹。

只见大台上立着个娇滴滴的小女子，那女子手里托着个玲珑剔透的玉瓶，瓶身上还缠绕着两条飞龙。不知这葫芦里卖的什么药？俺正纳闷儿，那女子突然扭着屁股边跳边唱："宫廷玉液酒，帝王级享受！开瓶十里香，闻闻您也醉。抿上一小口，增寿一百岁……""闻闻也能醉？定是陈年好酒！"俺心中暗喜，"想当年，俺老孙大闹天宫时，王母娘娘的玉液琼浆偷喝了不少，不知这'宫廷玉液酒'滋味如何？"

晚上，俺摇身一变，变成小蜜蜂，东寻西找，终于看到了一排又一排的酒瓶。哈哈，俺老孙可解馋喽！俺迫不及待地拔开个瓶塞，"咕咚咕咚"，一瓶酒全进了肚。呸！呸！什么味儿，酸溜溜的！正在这时，门外传来了两个声音："老板，今天的广告费，您花得可不冤枉，光订单就签了一百多万！""嘿嘿，如今卖酒，就得王婆卖瓜——自夸自的！""老板，您确实是高！就说咱们这果汁兑点儿水，加点儿香精、色素的'宫廷玉液酒'，只要吹得好，不一样大卖、热卖？"

原来，"宫廷玉液酒"就是这么吹出来的！哼，看俺老孙怎么治你！俺暗地里吹一口仙气，那老板公文包里的订单全飞走了；再吹一口仙气，一屋子的酒全成了石头。老板跳起来抢订单，抢不着，又抱起石头杀猪般地号哭。那狼狈样儿，甭提多滑稽。俺现出原形，道："这次，算给你个教训。如若下次再犯，绝不轻饶！"这俩人一见是俺，吓得面如土色，捣蒜般地磕头求饶："孙爷爷……不……孙祖宗，饶命呀！这造假的，并不只是我们这一家，我们也是跟着别人学的呀！"

看来，这假货还真不少哩！凭着俺这火眼金睛，这金箍棒，定要打遍天下假货！

放大镜和钻石

闫依洁

桌子上放着钻石、玻璃、石头、皮球和一个放大镜。

温暖的阳光照在大家身上，热热乎乎的，舒服极了，于是大伙儿就聊起天来。

这时，爱吹牛的钻石开始大吹起来："喂，朋友们，你们知道什么东西最硬吗？那就是我！看你们，玻璃怕摔，石头怕敲，皮球一压就瘪，放大镜你也一样！嘿嘿，你们看我，摔不碎，敲不烂，打不破，而且浑身美丽无比，可以说是十全十美了！"

果然不错，只见钻石在阳光下每一个棱面都发出七种颜色的光，美丽极了。

这时，放大镜悄悄地来到了钻石身边，欣赏钻石在阳光下的精彩表演。

不知道为什么，钻石好像被吓了一跳，一下子蹦到桌子的边上，直喘粗气。

大伙奇怪地问钻石为什么这样慌张，钻石只好说了实话："唉，我最怕在阳光下被放大镜照着，我差点儿被烧成灰烬。"

"哈哈……"大伙儿笑了，"原来你也有不足之处呀。"

可恶的眼镜

周 晋

从前，有一个人，一点儿也不爱护眼睛：走在路上看书，躺在床上也看书，天已经很暗了，他还在看书。很快，他近视了。

怎么办呢？他只好去配了一副眼镜。

就在他戴上眼镜的那一天，他的鼻子和耳朵哇啦哇啦闹起来了。

鼻子说："我用不上眼镜，为什么把眼镜压在我身上？"

耳朵说："是啊，我也用不上眼镜，为什么把眼镜挂在我身上？"

鼻子和耳朵发脾气了。他俩骂眼睛说："都怪你不好，要戴你自己戴好了，别把眼镜压挂在我们身上。"眼睛直掉眼泪，说："不是我呀，我本来好好的，小主人不爱护我，我就变成了近视眼，只好戴眼镜了。"

鼻子和耳朵吵也没用，他俩悄悄地商量着怎么可以把眼镜弄掉。

鼻子说："我笨头笨脑的，想办法就靠老弟你了。"耳朵说："不行，不行，我也不聪明，要靠你了。""有了，有了。"鼻子忽然高兴地说，"等到主人捡东西的时候，我们把眼镜推到地上，眼镜打碎了，不就戴不成了吗？"耳朵拍手叫道："妙！妙！妙！"

鼻子和耳朵每天都把这主意记在心里。有一天，主人俯下身捡东西，耳朵一闪动，鼻子一颤，"啪"的一声，眼镜掉了下来，摔碎了。

这个人只好又去眼镜店里胡乱买一副眼镜将就。他走在街上，因为看不清，碰到电线杆，把鼻子碰出血；他再往前走，碰到梧桐树上，把耳朵碰紫了。

鼻子哭了，耳朵也哭了。鼻子怪耳朵把眼镜推掉下来，耳朵怪鼻子出馊主意。他俩谁也不理睬谁。眼睛出面说："其实我们谁都离不开谁，为什么不和和气气呢？这样不是更快乐吗？"

鼻子和耳朵又和好了。

那一抹难忘的馨香

苗姗姗

公园的小路上，我迈着僵硬的步子，毫无目的走着，我愤怒地踢起一块石子，尘土飞扬。考得一败涂地啊！

没有家人的斥责，没有同学的讥讽，没有老师的怒目，我扑到公园的石凳上，放声大哭。忽然，一抹淡淡的馨香扑鼻而来。现在是冬天，怎么会有花的香味？我四处找寻，原来是一株小小的蜡梅！它还不及我腿高，但那浮动的暗香，早已牵住了我的心。

我蹲下身，哦！那是多么小巧玲珑的一株蜡梅呀！棕褐色的枝头，四朵蜡梅花粉中透白，花蕊比发丝还细小精致，紧密地凑在一起，浓浓的金黄色比落日更胜一筹。抚摸着花瓣，好丝滑啊，好像抚摸着婴儿那光滑的小脸蛋儿！

看似弱小、纤细的梅花，是如何冲破厚厚的冰层的？当它被寒风一次次撕扯，被霜一次次打落，它只是伏下身，又倔强地直起腰来。我这一点儿挫折，比起梅花来，又算得了什么呢？成长路上的磕磕碰碰是难免的，只要努力坚持，办法总比困难多！

我擦干眼泪，坚定地往家走去。那株蜡梅教会我，面对挫折向前走。

夹缝中的野草

陈　诺

我呆呆地盯着一株草，久久不能移开目光。

这是一株夹缝中的野草。虽然生长在石缝里，但是却格外翠绿、耀眼。不知是因为心中的敬佩还是怜悯，我只觉得这是我见到的最茂盛、最富有生机的野草。

不知是哪只恶作剧的鸟儿，把这颗种子带到石缝里，没有泥土，没有雨水，没有太阳，它靠自己的毅力，靠着顽强不息的精神，它变得更坚强，变得更挺拔！

　　野草被阳光照耀着，变成了青绿色，还泛着点点银光，随着吹来的微风左右晃动。可是，在它快乐、光辉的表面下，又有谁发现了它所受的苦难呢？又有谁发现了它生存的不易呢？

　　"离离原上草，一岁一枯荣。野火烧不尽，春风吹又生。"这是唐代诗人白居易的诗句。野草长在草原上是多么茂盛，每年枯萎又新生。熊熊烈火不能将它烧尽，春风吹过它又重获新生。白居易由内而外地赞赏了草，敬佩它顽强的生命力。

　　草，虽然平凡、渺小，但却有着坚韧不拔的生命力。它的顽强，令人惊叹，也让我敬佩。

偶遇一朵野花

高蕙菡

　　春天到了，花朵开了，白的兰花，粉的杜鹃，但让我最动心的，却是一株小小的洁白的野花。

　　走到小花园前，我闻到了一阵清香，清清的，淡淡的，沁人心脾。走进了花园，我看见了蹲在草丛里的她。只见她双手拨开草丛，看着几朵小小的、纯白的野花，脸上情不自禁地露出笑来。

　　她白净的脸庞，仿佛是从童话里走出来的小姑娘，我不禁向她靠近。她注意到了我，大大的眼睛里露出一点点警惕。我笑着问她：
"你叫什么名字？"

"丞泽。"她害羞地低下了头。

我不禁赞美道："这个名字很好听呢！你好，我叫意菡！"

这是我俩第一次见面。丞泽不喜欢欣赏花坛里的那些美丽鲜艳的花，却总是拨开草丛看那几朵小小的野花。她告诉我，她喜欢美丽的一切，却更喜欢野花的坚强与纯洁。丞泽，你就像那朵野花。

我爱家乡的沙枣

阴莎莎

058

我的家乡在石河子，我爱家乡的沙枣。

沙枣是沙枣树的果实。沙枣树生长在垦区的田野边，紫红色枝条，带刺。狭长的绿叶很精神。

五月中旬，沙枣开花了。它那浓烈的花香，飘满各个角落。它淡黄色的小花像绿豆一样大小，一簇一簇，开满了树枝。

花落以后，在开过花的地方会长出一个橄榄形的小果实，这就是沙枣。没成熟的沙枣是淡绿色的，沾满了白色的粉末，像一粒粒白色的沙粒一样，也许这就是沙枣名字的由来吧！摘下一颗尝尝，又酸又涩。

沙枣成熟以后，味道就不一样了，甜中带酸，皮上的白末也渐渐退去。剥开皮，里面是乳白色的果肉，果肉里面包着一个黑色的橄榄形小核儿。沙枣有两种：一种是黑色的，很小；另一种是橙黄色的，挂在树上像一串串小铃铛，非常好看。每到暑假，我都要和小伙伴到田野边去摘沙枣吃。在绿绿的沙枣树中寻找一粒粒成熟的沙枣，是非常有意思的。

沙枣不择生长环境，生命力特别强。我不仅喜欢吃沙枣，还非常钦佩沙枣顽强的精神。

期　待

朱雪韩

每年的假期，我都会回到故乡——山东省菏泽市的一个小县城。

每次回故乡时，我都兴高采烈、笑逐颜开；每次离开时，便难舍难分、闷闷不乐。在故乡度过的童年，是我记忆中最纯美、欢乐的时光，以多少美好的词语形容它都不为过！

刚走进小区，耳畔传入"倒车！请注意！"的声音，一下就勾起了我对爷爷的思念。那时，爷爷常骑着电动车带我出去兜风，而我坐电动车时，总爱说上几句"倒车请注意"，爷爷总会在我说完之后，给我一个慈爱的微笑。那时，我总会傻傻地想，我得到了世间最美丽、最慈祥的笑容，我是最幸福的孩子。

现在，我和爸爸很久才能回去一次，虽然离故乡很远，可我的心却一直牵挂着爷爷，牵挂着故乡。我一直都在期待，期待我的亲人、我的故乡……有了期待，便有了希望，便能寻找到理想的殿堂。

我的心不停地期待呼唤着我所有亲人的心，此时此刻，你们也会

奔跑吧，少年

难忘的一堂课

畅竞佳

每年的春节都让我记忆深刻，最难忘的还是去年春节。我跟着爸爸来到江西省万年县一个小山村过年——这是他二十年前曾经插队的地方。

大年初一晚上7点，我和爸爸乘上了南下的列车，向江西"进军"。大年初二上午，到了新兴城市鹰潭。下车后，搭乘一辆破旧的面包车，又风尘仆仆，一路颠簸了四个小时，终于来到了爸爸日思夜想的大源乡。

大源乡景色优美。远处的青山上，一道道瀑布从山巅流泻下来。近处的一片片红土、一幢幢农舍，构成了大源乡的美。乡亲们知道爸爸来了，不管男女老少，都纷纷围了上来。这时，有一位白发苍苍、约八十来岁的老爷爷，由孙子扶着走过来。爸爸一见他，赶紧跑过去，两人紧紧地抱在一起。那位爷爷禁不住老泪纵横，爸爸的眼睛也湿润了。

爸爸告诉我，老爷爷姓何，是以前的村书记，知青公认的"好父亲"。有一年夏天，爸爸手上生了两个大疮，疼痛难熬。何爷爷顶着火辣辣的太阳上山采药，回家熬药，每天给爸爸敷药……难怪今日相见，竟如久别重逢的父子！

我们在何爷爷家吃了一顿丰盛的午餐。下午，爸爸带我来到了他二十年前的住处。这是一间早被废弃的屋子，很矮很小，只有我家的厨房那么大，墙上的石灰几乎掉光了，露出了一块块砖头。我走了进去，抬头看看屋顶，大大小小的窟窿到处都是。我想，晚上睡在床上，一定能看见圆圆的月亮，如果外面下大雨，里面肯定下小雨，就像躲在一把破伞下一样。

大年初三清晨，爸爸又带我来到了大源乡水库。"哇，好大啊！"我赞叹着。"这个水库有几百公顷，是我们当年劈开一座小山，几十人披星戴月，靠手提肩扛筑起的水坝。每当下雨时，雨水从山上流下来蓄积在这里，到了旱季，人们就把水放出来，灌溉农田。"爸爸还说，"这水库还养殖猪草，猪草既能喂猪，又能释放出大量氧气，所以水库里又放养了几万尾鱼，而鱼又能换钱买化肥种田。"从爸爸神采飞扬的眉宇间，我看得出爸爸是兴奋的，动情的。

这次过年，爸爸把我带到这个现在仍然贫穷、落后的地方，给我上了一堂学校里从没有上过的、难忘的课。

061

叫我如何不爱你

杨　霞

我的家乡在美丽的海滨城市——秦皇岛。这里有驰名中外的避暑胜地北戴河，有久负盛名的古城重镇山海关，有闻名全球的伟大建筑万里长城，而我更爱家乡的燕塞湖。

燕塞湖的美，在水、在山、在云雾。

这里清亮亮的湖水，平稳如镜，它慷慨地留下丛林、山峰、石林的倒影，构成一幅奇妙的立体画。弯曲碧绿的九曲湖水，两边是无数赤黑斑驳的峰岩，划只小舟，时而峰回路转，给人一种"柳暗花明又一村"的感觉。

这里高耸的峰林，好像一道翠绿的屏障，又如伸长的两臂，将燕塞湖拥抱在怀中。四面望去，峰林有的如出水芙蓉，令人心驰神往；有的互相拥抱，远远望去，好像几个顽童在打闹；有的群山环绕着碧水，犹如盛开的莲花瓣；有的威武挺拔，更像古代战场上的将士。

燕塞湖终年被云雾缭绕着。早晨，薄薄的晨纱笼罩着湖水，燕塞湖就像一个羞涩的少女，秀美、动人；当阳光普照大地，湖上的烟雾渐渐化作一层淡雅的素纱，更给燕塞湖增添了迷人的色彩。正是因为有了云的点缀、雾的缭绕，才使燕塞湖宛若仙境一般。燕塞湖水美、山美、云雾美，引来一些导演来这里选镜头。电视剧《天下第一关》的许多外景就是在这里拍摄的。著名歌唱家董文华的一曲《朋友，请您来游燕塞湖》唱出了我家乡人民的心声。

秀美的燕塞湖啊，你是祖国锦绣河山中一颗璀璨的明珠，叫我如何不爱你呢？

我爱你，故乡

冯　威

我的故乡是一个美丽的地方，它有一个美丽的名字——茶洞。在这里，一条大河岔分为三，将湘、黔、川三省隔开，所以人们也叫这里为"边城"。

茶洞镇古老而秀丽。外公、外婆家世世代代居住在这里，我的童年也在这里度过。

记得只要站在外公家门口，就可以看见远处一条大河，绕着小城缓缓流去，它叫酉水河。新中国成立前，这河面上没有桥，四川和贵州来的商贩都是靠船老大的木船、木筏来到这里，把山外的东西运进来，把山里的东西运出去。

每当朝阳升起，万道阳光洒在河面上，顿时，金光闪闪，波光粼粼。晚上，月亮升起来了，淡淡的月光照在水面上，河水显得更清幽，仿佛是块巨大的镜子。新中国成立后，这河上架起了一座大桥，桥面宽阔、笔直，连着贵州、四川和湖南三省。

这里的人喜欢坐渡船。尽管有了桥，仍然这样。外公常爱带着我坐在船上，摇过去、荡过来。在船上，我爱听大人们讲这小城的故事、这大河的传说。那时，我常对着清清的河水，对着白发、白须的摇船老公公想得出神：他会不会就是沈从文爷爷笔下写的那个摇船的老人呢？

河岸边是一片竹林，竹子长得十分茂盛，密枝绿叶把太阳光也挡住了，竹林成了我们玩耍的好天地。我经常和小伙伴来这里玩耍、嬉戏、打闹……玩累了，便躺在竹叶上。那软绵绵的一层竹叶子，躺在上面真比睡在床上还舒服呢！陪着我们玩耍的外婆，指着竹林边一堵厚厚的城墙，深情地告诉过我：很久以前，茶洞是一个热闹、繁荣的小城，人们无忧无虑，过着神仙般的生活。后来土匪来了，茶洞人为了保卫自己的家园，组织起来击败了土匪。茶洞人就这样世世代代依靠自己的力量，在这块土地上顽强生活着。如今，在新社会，茶洞人日子更好过了，再也不用操心什么了。

后来，妈妈把我接进县城去上学了，随着岁月流逝，我淡忘了许多人和事，可直到现在，我还常常梦见那大河、那渡船、那竹林和我的那些小伙伴们。

那一次，我读懂了他

马晓璇

印象中的他，总是那么冷漠，别人寻求他的帮助，他总是会有各种理由推托，让别人想办法自己去解决。他就是我的同桌。

一次考试前，班里乱成一片，丝毫没有紧张的气氛。我坐在座位上，观察着这一切，而我的同桌，安稳地坐在那里，好像根本没把这次考试放在心上。

王小毛来到了我们的桌前，笑眯眯地问我的同桌："我忘带笔了，能不能借我一支？"她总是丢三落四。

"对不起，我只有一支。"

"你不是带了好几支吗？干吗要撒谎？"我脱口而出，同桌恨恨地瞪了我一眼。

"没有为什么，就是不想借。"同桌依旧冷冷地说。

"求求你了！"王小毛声音软软的，充满着无助与希冀。

"这是你的事，跟我没关系。"

这一刻，仿佛世界都停止了转动。

我很不理解同桌的做法，实在看不下去了，把自己的笔借给了王小毛。

后来，我问同桌为什么对王小毛这个态度，他告诉我说："如果很简单就借给她，她丢三落四的毛病以后是不会改正的。得让她记住这次教训！"我听了之后恍然大悟。后来我发现王小毛确实变了，变得细心，不再毛毛躁躁。

这一次，我读懂了他。

我的"跟屁虫"

董雯雯

我上厕所，她跟着我；我去图书馆，她缠着我；我去食堂，她黏着我……她是我的"跟屁虫"，我最好的闺密。

刚上小学一年级的时候，我和她虽然同班，但关系并没有多好。直到那一次，我上数学课时没带课本，而她仗义地将数学课本借给我，自己却被数学老师罚站。从那以后，我俩的关系越来越好，成了一对形影不离的好朋友。

还有一次，我跟另一个同学吵架了，谁都不理谁，但是她却当起了和事佬，一边去跟另一个同学商量，又回过来跟我商量。最后她把我们俩都叫到了一起说："同学之间有什么好吵的，同学还是同学，不要为那些鸡毛蒜皮的小事伤了同学之间的感情，那多亏呀！"她说完这个，我们都笑了起来，于是，我和那位同学也成了非常要好的朋友。

后来，由于父母去外地工作，她转学了。但每天中午，我们还会用手机进行联系。她那动听的声音依然陪着我，我俩还约定好，以后要考上同一所大学，那样就又可以每天在一起了。

你们冤枉了我

梁子琪

"一定是你偷了小刚的文具盒！""真想不到你是这样的人，还当班干部呢！"听着他们的指责，我伤心极了，我在心里喊着："不，不是我。是你们冤枉了我。"

事情是这样的：我的同桌小刚买了一个崭新的文具盒，可漂亮呢！上面刻着活泼可爱的小白兔，还有一条小黄狗。同学们见了都夸这个文具盒好看，我心想：要是我有一个这样的文具盒，那该有多好呀！

可昨天，小刚的文具盒不翼而飞了。小刚哭丧着脸，坐在椅子上急得又蹬腿，又跺脚。同学们都安慰他说："小刚，别着急，一定能找到。""小刚，你翻翻书包，看看有没有？"

"我都翻遍了也没有找到。"说完，他急得流下了眼泪。

"那肯定是有人偷走了。""对。"同学们你看看我，我看看你，最后目光全落在了我身上。我见同学们都看着我，连忙说："别、别总看着我呀！""对，就是你偷的。""我没偷。""那你说话为什么吞吞吐吐的？""我……我……"这时，坐在椅子上的小刚腾地站起身来："原来是你偷了我的文具盒呀！我和你再也不是好朋友了，快把我的文具盒拿过来。""我没拿呀！你叫我拿什么东西给你。""胡说，你和他是同桌，拿他的东西多方便，再说，你不是想要他的文具盒吗？"……

同学们指着我的脑门儿说："梁子琪，你真不配当中队长。"这时老师进来了，同学们把这件事告诉了老师，老师听后，微微地点了点头。我以为老师可能会帮我把矛盾解开，可是没想到老师平时那种对我信任的目光不见了，我委屈极了，伤心地跑出了教室，来到一棵柳树下。柳枝被风吹得摇来摇去，好像要帮我去评理；花儿在风的吹动下，发出"沙沙"的响声，好像要向同学们诉说我的委屈。我的泪水模糊了双眼。

啊！我太委屈了，同学们，文具盒的确不是我偷的，我发誓！你们不该不管青红皂白，就冤枉我偷了文具盒，你们不该这样做，做事应该讲道理，讲证据，不能错怪人，你们冤枉了我，我好委屈啊……

友谊好像晨光

郭子麟

友谊，犹如一缕阳光，暖暖地照在我的身上，让我感到了春天般的温暖，让我拥有了无尽的力量……

我是我们班的运动健将。这次运动会上，我参加了好几个项目。可是，就在短跑比赛前，我扭了脚，一阵阵的疼痛让我为难：现在放弃，肯定舒服一些，可班集体的荣誉呢？于是，我决定带伤参加。

那一抹难忘的馨香

比赛开始了，我紧紧咬着牙，可脚却越来越痛。在我又想放弃的一瞬间，耳边传来了同学们为我加油的声音，那一阵阵的呐喊犹如一道晨光一样，给了我巨大的动力。我仿佛忘记了疼痛，加足了力气往前冲，最后获得了第二名。到达终点后，我终于坚持不住，坐在地上，同学们纷纷跑过来，抬起我往医疗室走去，他们有的给我递来了巧克力和水，有的不停安慰我。顿时我的心里感到一阵阵温暖。

有这样的同学，我好幸福！

我又想起了你

李欣彤

068

又一次回到了故乡，又一次踏上了那条美丽的小路，时光匆匆流去，哥哥，我又想起了你，你在他乡还好吗？

在这条小路，我们哈哈大笑；在这条小路，我们共赏月光；在这条小路，我们追逐打闹……你经常对我说："彤彤，不哭，哥哥在呢！"这句话让我终生难忘。

小学三年级的时候，有一次放学，我蹦蹦跳跳地在前面跑着，你在后面笑着。忽然，几个骑车的高年级男生从我们身边飞驰而过，其中一个车把一晃，把我撞倒在地。你冲上来，像变了个人似的，对着他们大喊："你们干什么！"面对这几个比你高一头的人，你一点儿都不害怕。"干什么？你们挡着路，害我摔倒，还敢问我？"几个人冲上来，把哥哥踢倒在地，狠狠地打着。我害怕极了，紧闭着眼，死死地抱着哥哥。过了好久，他们终于骑车离开。我小心翼翼地睁眼，眼前的哥哥被打得鼻青脸肿，却仍然关心地问我："有没有打到你？摔倒的地方还疼不疼？"我的眼泪像雨一般流了下来，你却强撑着笑笑："没事，彤彤乖，不哭哈，哥哥在呢！"

后来，爸爸妈妈离婚，你跟着爸爸去了深圳。我们就这样分别了。多少次在梦里，我呼喊着你的名字，可是再也见不到你……

表弟的趣事

岳娟红

我有一个小表弟，每次想起他，我就会忍不住哈哈笑起来。他既淘气又可爱，发生在他身上的趣事总也说不完。

小表弟一笑，脸上便露出一个深深的小酒窝，但这个小酒窝不是天生就有的，而是他在刚学会跑时，从水池上摔下来，脸重重地磕在池子边上，才有了这么个假酒窝。

和小表弟年龄相仿的同院小朋友，基本上都是小姑娘。一到夏天，小姑娘都穿上了花花绿绿的小裙子。小表弟见后，便缠着姑姑说："妈妈，我要穿裙子，我要穿裙子。你瞧，南南姐姐、萍萍妹妹都穿上了花花绿绿的裙子……"姑姑被缠得无可奈何，只好给他买了条裙子。小表弟高高兴兴地穿上了裙子，出去玩了。可是刚出去一会儿，他又回来了，对姑姑说："妈妈，我还是穿裤衩、背心吧！大家都笑我，叫我假姑娘。"

小表弟比同院的小朋友都高，所以他特别爱找别人比个子，看到底谁高。有一次，姑姑给小表弟量身高，姑姑说："路路（表弟的名字）又长高了些，1.08米。"可是，小表弟一本正经地说："爸爸1.80米，我1.08米，这不是都差不多吗，为什么我还不如爸爸高呢？"

　　小表弟可大方了，有一次，他从幼儿园回家，领了一大群小朋友回来。他拿出家里的蛋糕，大方地分给其他小朋友们，可是有一位小朋友没有分到，路路便把自己的蛋糕给了他。瞧，小表弟多大方！

　　姑夫与姑姑商量着，想给快要上小学的表弟起个大名。姑姑对他说："路路，妈妈想给你起个大名……"还没等姑姑说完，表弟跑到我跟前，天真地说："姐姐，我不叫路路了。""那你叫什么呀？"我吃惊地问。"我——叫——大——名。"

　　这就是我那天真可爱的小表弟，朋友你是否也觉得他十分可爱呢？

我想对你说

秦绍斌

　　哥哥，有些话我早想对你说，可看到你那什么都不在乎的样子，我欲言又止。

　　哥哥，你知道吗？在我的心目中，你以前可是一个品学兼优的好学生啊！可自从你迷上了网络游戏以后，成绩就一落千丈。姑夫和姑妈昼夜叹息，好几次我都看见姑妈在房间里暗自垂泪。为了你，姑夫和姑妈含辛茹苦、日夜操劳，而你却视而不见，满不在乎。哥哥，在我心目中你不是这样的呀！姑夫和姑妈多么希望你学有所成，你就忍心辜负他们对你的殷切希望吗？你已经高三了，应该比我们这些弟弟妹妹懂的道理多，如果你还想成为我心目中的好哥哥、好榜样的话，就应该加强自我约束，主动戒掉网瘾，尽快回到教室里，安心读书，为迎接高考努力拼搏！

哥哥，网络游戏已使你深受其害。看看那些新闻报道，有多少和你一样的同学都是因为昼夜沉迷网络，荒废了学业，毁掉了前途，有的甚至走上了犯罪的道路。

哥哥，我要奉劝你一句：电脑是用来学习知识的，不是用来玩游戏的，你整天"废寝忘食"地上网，最后害的还是你自己呀！如果你希望有个灿烂的明天，从现在起就痛下决心，与网络游戏一刀两断吧！

调皮的表弟

孔令晶

我有一个调皮的表弟，每到星期天，他都会来我家玩。

今天，表弟一来我家，就要吃这吃那，还把我的玩具拿出来，扔了满满一地。等下妈妈又该让我收拾了，于是我生气了，不理他。表弟一见，慌了，一会儿给我捶背，一会儿给我按摩，我还是不理他。

表弟眼珠子一转，神秘地进房间了。

过了一会儿，表弟出来了，只见他头上绑着一根长长的羽毛，身上围着一大块床单，脚上穿着爸爸的特大号鞋子，走到我面前，鞠了个躬，清了清嗓子说："现在，由我为表姐演唱一首《健康歌》，并有舞蹈献上，请仔细欣赏。现在开始！"表弟嘴里唱着："脖子扭扭，屁股扭扭……"一会儿扭扭屁股，一会儿扭扭脖子，头上绑着的羽毛，随着舞姿一上一下、一左一右地摇晃。

听着他那漏风跑调的歌，看着那滑稽有趣的舞，我笑了起来。

爱的怀抱

　　母爱如同一盏明灯，为我照亮前程；母爱如同一把雨伞，为我挡风遮雨；母爱如同一个路标，为我指明方向；母爱如同一缕清风，为我拂去忧愁；母爱更如同一种巨大的火焰，温暖我的心灵……

老师的微笑

李春丽

我是个敏感的女孩儿，老师的一个动作、一个眼神、一句话，都能在我的心里掀起层层涟漪。我喜欢老师的微笑。

我永远忘不了那堂数学课。我的数学本来就差，学习的内容又是我最不擅长的图形，我怎么也听不懂，急得都快哭了。数学老师让同学们提问的时候，我鼓足了勇气，问了一个问题。可没想到，老师瞪圆了眼睛，吼了一声："这么简单的题你还不懂！这节课到底听没听？"这句话深深地刺痛了我敏感的心。从此，我对数学失去了信心和兴趣。

幸运的是，后来我遇到了一位老师，她像一束阳光给我带来温暖和光明。她的脸上常常荡漾着春风般的笑容，这微笑让我不再胆怯，重新拥有自信。那是一节音乐课，我们刚学习了一首蒙古族歌曲。老师问我们，谁可以给同学们唱一遍。我很喜欢这首歌，暗地里反复地练习，可是面对同学们，忘了歌调怎么办？教室里静得出奇，老师那温柔的声音再一次出现在我的耳畔，我抬起头，发现老师正微笑地看着我。顿时我信心大增，走上讲台，流畅地唱完了整首歌，博得了老师的肯定与同学们的掌声……

老师的微笑是清风，是细雨，是阳光，抚慰人心灵的创伤，让我充满自信地在人生道路继续走下去！

老师，对不起

张　娜

　　我是一个活泼的小女孩儿，今年十岁，我非常爱看课外书籍，同学们叫我"小书迷"。我尤其爱看《童话大王》，一拿起来就舍不得放下。

　　有一次，上数学课，老师在讲台上讲课，我把课本放在桌子上，装作认真听讲的样子，而把我爱看的《童话大王》放在桌子抽屉里，偷着看。正看得津津有味，忽然，听见老师在叫我的名字，我连忙站起来。老师一连提出几个问题，我都答对了。老师让我坐下，我的心情好容易才平静下来。

　　这时，我不敢偷着看书了，害怕被老师发现。可过了一会儿，书里的故事情节又开始在我脑海中出现，我忍不住又继续看了下去。老师好像是发现了我偷着看书似的，便问："张娜，你在看什么？"我站起来顺口答了一句："我看课本。"老师信以为真，便让我坐下了。

　　到了晚上，我躺在床上又想起课堂上发生的事情，怎么也睡不着。因为老师常常教育我们，上课要专心听讲，做一个诚实的孩子，我这不是错上加错吗？我暗下决心，今后一定听老师的话，好好学习，再也不做那些对不起老师的蠢事了。

　　老师，对不起！

老师，请您原谅我

马　丽

亲爱的老师，有件事我一直想对您说，您能原谅我吗？

那是上学期，您让同学们写一篇表现热闹场面的文章，由于那天我的贪玩，最后在作文书上抄了一篇就交给了您。万万没有想到，我那篇抄袭的文章却得到了您的赞扬。您夸奖我，说我是"未来的小作家"，您的赞扬声如针一样，刺得我心里发慌、脸发烫。

我很后悔，不停地自责。也许是虚荣心在作怪，当时，我没有说出那篇文章是抄袭的。教室里，我怔怔地坐在椅子上，心里不知是什么滋味。

一张绿色的"小学作文大赛专用稿纸"放在我面前，我那篇抄袭来的文章竟然要去参加比赛。我心里像打破了五味瓶，是酸是甜，是苦是辣，无法体味。我的面前好像有一个人指着我的鼻子喝道："小偷，偷别人的作品，是名副其实的贼！"上课了，您让我读那篇抄袭的文章，我站起来躲避着您那温和的目光，一字一句读了起来。

我几次站在您的办公室门前，想推开您的门，可又被那小小的自尊心挡了回来。老师，您能原谅我吗？我欺骗了您，欺骗了同学们，欺骗了多少关心我的人，更欺骗了我自己。同学们一声声的称赞使我有些飘飘然了，但每当我独自坐在座位上翻我的仿写本时，我的心几乎又碎了，我惭愧、后悔极了。我想对同学们说，但是虚荣心又使我隐瞒了真相。

这件事一直像一个幽灵，不断缠着我，使我的良心受到谴责；这件事又像一块大石头一样，压得我喘不过气来，使我思想上背着沉重的包袱。我把那本写有抄袭文章的仿写本锁在木箱子里，放在床底下，但我依然摆脱不了沉重的压力。不论我走到哪里，似乎都有一双眼睛盯着我。我感到自己是那样卑鄙和渺小……

老师，如果我不把这件事倾吐给您，请求您的原谅，我会把这个包袱背一辈子的。老师，您知道了或许很生气，但是，我还是要告诉您。

老师，我想对您说

闫丽霞

今天早上，我迟到了，在教室门口罚站。

因为同学们经常迟到，昨天上午，老师宣布了一条纪律：早饭后，不论任何同学，都必须在9点钟以前到校；否则，不准进教室！我们听了以后，都暗暗下决心：一定不能迟到！

今天早上的数学课，下课铃响了很久了，老师还一个劲儿讲。我默默地念着："老师，快下课吧，不然上午我就要迟到了……"好不容易盼到下课，我跑到家一看，已经8点40分了。我赶快盛了半碗饭，匆匆忙忙吃了起来，看看钟，还差十五分钟就到9点了。我想，走着去吧，9点钟前到不了学校，于是让姐姐骑自行车送我去。姐姐

爱的怀抱

一吃完饭，我就慌忙坐上了姐姐的自行车。姐姐把车子蹬得飞快，我还不住地喊："加油，加油！"就这样，我还迟到了五分钟。班长一定要我站在门外，我无可奈何地走出教室，倚在外面的墙上，委屈的泪水在我眼眶里直打转。

老师，我想对您说，我不是故意迟到的，您能不能原谅我？

一 碗 面

苟圆月

078

都说父爱如山，高大巍峨；都说父爱如同灯，照亮孩子前进的路；都说父爱如伞，为子女遮风挡雨。而我却说，父爱就是一碗热气腾腾的面。

为什么这么说呢？那是冬天的一个下午，我气冲冲地回到家，连招呼也没打，直接跑到卧室把门反锁。当时的我心情很糟糕，因为我和最好的朋友发生了争执，吵架了。

我躺在床上发呆，脑子里不停地想着白天吵架的情形。妈妈来叫我吃晚饭，我死活不开门，后来，我听到厨房里传来洗碗的声音，心想："哎呀，没有晚饭吃了。爸妈现在也不爱我了，饿死我算了！"我又渴又饿，又不好意思出去，越想越气，趴在床上哭了起来，哭着哭着就睡着了。

后来，钥匙开门的声音把我吵醒了。是爸爸，他端着一碗面，放到床头柜，和蔼地对我说："在学校受委屈了吧？遇到事情不怕，不要自己一个人憋着，要告诉爸爸和妈妈，我们会帮你分担的。"听完爸爸的话，我热泪盈眶。

面前那一碗热气腾腾的面，化作一股暖流，流进我的心里。

爸爸的肩膀

贾姝琪

小朋友们，你们知道亲情的珍贵吗？母爱是伟大的，父爱是高贵的，趴在爸爸的肩膀上，我一天天长大。

记得有一次，爸爸带我去郊游，那一天，我们看了很多美景，玩得开心极了。不知不觉，天色暗了下来，在爸爸的催促下，我恋恋不舍地跟着他往家走去。这一天虽然很开心，可是也累得厉害，我不想走路，就对爸爸说："爸爸，你看天都快黑了，我们坐出租车回去吧。"我所说的出租车，其实是摩托车，在我们这里特别多。

"就你最精了。哈哈，好吧。"爸爸拉拉我正在摸着后脑勺的手，答应了。

太巧了，一辆摩托车正好驶了过来，爸爸招手叫车："停车，停车，师傅——"。

"哧——"车子应声停在了我们身边。爸爸告诉司机我们家的位置，谈好了价钱。"突突突……"车子启动了，我很开心，终于不用走着回去了。

初秋的天仍旧很热，我被夹在司机与爸爸两个大人中间，更是热得难受。我烦躁起来，扭动一下身子，刚想对爸爸说说我的感觉，只听"砰"的一声响，摩托车撞上了路边的电线杆。我转过头来一看，发现爸爸双手紧紧地搂着我，一条腿被摩托车压着。在爸爸的全力保护下，我一点儿都没有受伤，而爸爸的腿却被蹭破好大一块，血一点点流了出来……我的泪水禁不住涌了出来。

爸爸一瘸一拐地带着我朝家走去，又担心我走不动，硬把我背了起来，还一边走一边问："孩子，你今天吓着了吧？都怪爸爸，不该叫那个车的。"我问爸爸："爸爸，你的腿疼吗？"爸爸假装轻松地说："不疼！不疼！"但我怎么也不相信，我能感觉到他是在竭力硬撑着。

看着爸爸一瘸一拐的样子，回头看看身后走过的这一段路，趴在爸爸温暖而有力的肩膀上，我的泪水又一次涌了出来……

080

爸爸的脸

罗棋布

爸爸的脸像六月的天，说变就变，前一秒还晴空万里，下一秒突然就阴云密布了。

爸爸是一家大商店的经理，每天早出晚归忙得很，特别辛苦。可是不管多忙多累，他还是每天都要过问我的作业。

有一天傍晚，爸爸回家，本来要陪着我写作业，一个电话响起，爸爸只好去客厅处理业务了。

我呢，从小有一个坏习惯：做作业时，一会儿翻小人儿书，一会儿拆圆珠笔，一会儿翻书包……反正就是不能安心写作业。过了好久，爸爸忙完之后进来一看，我才写了一页歪歪扭扭的英文，语文连一个字也没写。爸爸的脸突然板了起来，刚才的微笑一下子就飞走了，眼睛瞪得大大的，鼻子和嘴一起猛烈地呼吸，脖子开始红了。他大声地责问："这么长时间，才写这么点儿，是不是又玩了？"

　　我支支吾吾地回答："我……我就只玩了一小会儿。"

　　"为什么不先把作业完成再玩？"爸爸的脸已经"阴云密布"了。

　　我斜着眼睛一看，啊！大事不好，爸爸要揍我了。我立即跳上床，躲到床角边，抓了三个枕头来做"掩护"。爸爸气坏了，一把夺过我的枕头，扔在地上，怒气冲冲地向我逼来。我想，这下可完了……

　　正在这千钧一发的时候，"丁零零"来电话了。爸爸只好放下高举着的手，去隔壁的房间接电话了。我蹲在床上，心想：等一会儿，爸爸又要向我"进攻"了。

　　谁知，隔壁竟然传来一阵爸爸"哈哈"的笑声。爸爸听完电话出来后，并没有冲进我的房间。我从房门口望去，只见爸爸刚才板着的脸一下子多云转晴，变成了一张笑脸。原来，是老师给爸爸打电话，要让我代表学校参加比赛呢，夸了我半天。

　　爸爸走到我跟前，举起手，吓了我一大跳，怎么还要打我呀？然而，爸爸的手只是轻轻地落在我的头上，说："再给你半个小时，必须把作业完成！"就这样，老师一个"救命"的电话救了我。

　　嗨！爸爸的脸，有时会因为我学习不认真而生气，有时也会因为我取得成绩而高兴。在这张脸上，倾注着爸爸对儿子的爱。

给爸爸过生日

苏航锋

　　爸爸是个大忙人，整天都在公司里，连周末都经常要加班。

　　今天是爸爸的生日，一大早，爸爸又像往常一样去了公司，压根儿不记得自己的生日。爸爸走后，我对妈妈说："我们今天晚上给爸爸一个惊喜吧！"妈妈笑着答应了。

　　下午，我和妈妈一起去逛街，给爸爸买了一个冰淇淋蛋糕，冰淇淋蛋糕的上面有香喷喷的奶油，奶油上还放了鲜艳的草莓、杧果、西瓜等水果。冰淇淋蛋糕好像还披了一件五彩缤纷的衣裳。我用自己的零花钱买了一个按摩器，准备送给爸爸当礼物。

　　回到家后，我和妈妈各自忙碌起来：妈妈去厨房做好吃的，我在客厅布置。我挂了许多气球，还做了一条彩带，把家里装扮得特别漂亮。妈妈做了爸爸最爱吃的红烧肉、麻辣豆腐、烤鸭、大闸蟹……

　　终于，爸爸回来了。一进家门，我就唱起了生日歌，送上了礼物。爸爸看见家里打扮得那么漂亮，眉开眼笑，似乎一天的疲劳全消失了。我们一家人开开心心地为爸爸过了一个美好的生日。

母爱的真谛

舒佳琪

罗曼·罗兰曾说过："母爱是一种巨大的火焰。"曾经，我对这句话半信半疑，若母爱真的是一种巨大的火焰，那妈妈为什么会那样对我？

记得有一次，我要去兴趣班上课。以前都是妈妈开车送我去的，可那一次，妈妈表情严肃，眉头皱成了一个"川"字，似乎在思考一个重大的问题。我的心头掠过一丝不安的想法，莫非……

果然，妈妈一本正经地对我说："你已经五年级了，有些事可以自己独立完成，比如去上兴趣班。"我听了，大吃一惊，不禁尖声叫起来："不，不行！去兴趣班要过好几条马路，还要乘公交车。马路上汽车川流不息，万一我被撞到了怎么办？公交车上人多拥挤，万一我被挤倒了怎么办？有那么多隐患，您难道还忍心让我独自去吗？"我像放连珠炮似的，一口气说了这么多。

"可这些并不是什么难事，你已经长大了，必须自己去。"妈妈斩钉截铁地否定了我的想法。我像被泼了一盆冰水，希望的小火苗瞬间被浇灭了。

冷风呼呼地吹在脸上，冰凉冰凉的，大树随风摇摆着，屈指可数的行人步履匆匆，似乎都急着赶回家。我越发地害怕，心里像有只小鹿在乱撞。终于到了！我飞快地挤到门前，一溜烟地跑下了车，心里一块吊起来的大石头这才落地。

"啊！这么远的路，你一个人来的？太厉害了！看来你真的是长大了。"辅导老师得知我独自一人前来上课，用不可思议的目光上下打量着我，惊奇地说。我有些暗自得意，腼腆地点了点头，一种自豪感在我心中油然而生。

后来，一个偶然的机会，我在妈妈的手机上发现了一些照片。这些照片正是那天我去兴趣班路上的记录。原来妈妈一直悄悄地跟在我后面，观察我、保护我，是我错怪了妈妈！我心里不禁又惭愧又感动，泪水在眼眶里直打转。这一份沉甸甸的母爱，天下儿女有谁能掂得出它的分量。

084

爱的怀抱

汤吴以

母爱如同一盏明灯，为我照亮前程；母爱如同一把雨伞，为我挡风遮雨；母爱如同一个路标，为我指明方向；母爱如同一缕清风，为我拂去忧愁；母爱更如同一种巨大的火焰，温暖我的心灵……

感冒，真是一件让人难过的事情。

那是一个大雨倾盆的晚上，虽然是夏天，我却盖着厚厚的被子，可还是一直打哆嗦，一个接一个的大喷嚏打个没完，手也是冷冰冰的。我哈了一口热气，想给自己一点儿温暖。妈妈打开门，紧张地摸着我的头。"发烧了，乖乖在家等着。"她胡乱套上了外套，匆匆出了门……

我又重新缩回到被窝中，缓缓闭上眼帘。"哗哗——哗！"大雨，仿佛没有尽头地下着。

不知过了多久，门又打开了，眼前的妈妈全身都快湿透了。她一手端着一杯开水，一手拿着刚买回来的退烧药。妈妈急急向我走来，脚下一滑，摔倒在地上。妈妈蹲在地上，慌乱地用那双长满老茧的手捡起地上的玻璃碎片……

"老妈，其实不用担心我的，咳咳——我能照顾好自己。"我看着妈妈，突然间感到身上已经不冷了，随之而来的是一阵暖流……

向妈妈学习

庞艳丽

我的妈妈没有上过大学，只是个普通工人，但是，她身上却有很多优点让我敬佩，尤其是她坚持写作的事。

妈妈每做一件事都是精益求精，有时因为一件事没做好，她就不厌其烦地再做几遍，直到满意为止。她上学时，作文水平不高，尽管如此，妈妈并不灰心。她利用工作之余在悄悄地练习写作，每天晚上都写到很晚才睡觉。家里的写字台上堆了一摞她写的文章。妈妈一有空就拿出看看改改，然后抄一遍再看再改……就这么反复地改，妈妈的写作水平提高了好多。

妈妈写文章时，总是一心一意。有一次，快吃饭了，我叫妈妈吃饭，可我连叫几声都没人回答。我进屋一看，只见妈妈右手握笔，左手托腮，好像在冥思苦想着什么，我走到跟前一看，原来她正在专心致志地写文章呢，稿子上面又是圆圈又是三角的，不知道是什么意思。这篇文章已经写了好多天了，但她并不满意，仍在字斟句酌地进行修改，简直到了入迷的境界。后来，这篇文章终于改好了，妈妈的作品见报了，她那股高兴劲儿甭提了。

在这次成功之后，妈妈更加努力地进行练习，她的稿子一篇又一篇登上了报纸、杂志，我们全家都争着抢着看。我一直为有这样一位坚韧不拔地"爬格子"的妈妈而感到无比自豪。我心里默默地想："妈妈，您等着吧，您的女儿将像您那样刻苦练习，勤奋写作，和您比个高低！"

086

妈妈，我爱您

郑　超

妈妈，今天是您的生日，我想对您说说我的心里话。

我想要感谢您，感谢您给予了我一个健康的身体，感谢您照顾和陪伴我生活的每一天！

小时候，我什么都不会。从咿呀学语到蹒跚学步，是您，教会我生活上的一切琐事，比如穿衣、吃饭、洗漱等等。在我很小的时候，我就想学着您的样子帮您做一些家务，可您每次都说："你还小呢，等你再长大些吧。"

记得有一次，我看见屋子里有些乱，我就想：屋子这么乱，我已经长大了，应该学着帮您做些家务的。于是我立刻跑到您的身边，对您说："妈妈，我来帮您做家务吧！"看到我一脸稚气，满是虔诚的表情，您很高兴地答应我说："好的。"最后，屋子被我收拾得干干净净，尽管我的脸上冒着汗珠，但是我的心里却很开心，因为我终于能做一些自己力所能及的事情来帮助您！那时，我也分明看到了荡漾在您脸上的快乐的笑容。

不仅在生活上，您无微不至地关心着我，在学习上，您对我也是关怀备至。每次回家之后，您就先让我把作业做完了再出去玩；做作业的时候，您总是提醒我要认真地完成老师布置的作业，不能一边做作业一边玩耍；写完作业后您还督促我一定要认真地检查作业。

妈妈，是您无微不至的关怀，伴随着我生活的每一天；是您的谆谆教导，激励我在人生的道路上，不断向前！

妈妈，我爱您!

记忆中的药香

吴玉琳

爷爷家有一个药炉，随着岁月的流逝，原先灰色的外层变得黑漆漆的，身上也布满了条条裂痕。它普通得不能再普通，没有精美的花纹，没有上好的材质，只是陶土制成的，可在我眼里，它承载了我美好的回忆，是那么独一无二。

儿时，与爷爷奶奶一起生活。记忆里，爷爷常常守着那个药炉，正襟危坐在一旁，手里不紧不慢地摇着把扇子。有时，他鼓着腮帮子，"呼哧——呼哧——"地往里吹气。奇怪的是，煎药是个体力活，满头银发的爷爷却总是能精神抖擞地煎着药，有时竟能腰板挺直地坐一下午。我跟屁虫似的跟在爷爷身后"学艺"，看他如何煎药。我也照猫画虎地学着，可才小半会儿，我就无聊地耷拉眼皮，哈欠连连。爷爷笑了笑，温和地摸了摸我的头说："做事可要有恒心啊！"我若有所思地点了点头。

"咕嘟咕嘟——"药在药炉里冒泡煮着，我迫不及待想尝尝味道。待爷爷盛到碗中，我抿了一口，苦涩的味道立即蔓延整个口腔。我赶紧"呸呸呸"全吐了出来。爷爷微笑着说道："良药才苦口呀！如果你再细细品味，还会尝到有一股清新的药香。它不同于玫瑰花的热烈浓香，而有着茶叶般淡淡的清香。所以它并不苦，而是香的。"我"嗯嗯"地应了两声。

转眼许多年过去，物是人非，爷爷早已不在，只留下那药炉。我倚着窗，久久凝望着那灰黑的药炉，虽破旧却又如此耀眼。"咕嘟咕嘟——"那熟悉的声音，那浓浓的味道，那美好的回忆。

童年的老桃树

彭雅洁

早晨醒来，赖在被窝里，听见时不时响起的清脆鸟鸣，嗅着和煦的微风从窗缝挤进带来的细雨滋润后的泥土和芳草清新的气味，我闭上眼，又一次想起了故乡的那两棵老桃树。

打我记事起，爷爷家门前的小山坡上便伫立着两株高大的桃树。这是爷爷亲手种下的，舍不得打农药，连捉虫都亲自动手。年幼的我不懂爱惜，央求着爷爷将板凳反过来，用麻绳固定好，拴在两棵桃树之间，做成秋千。坐在秋千上，往后退几步，一脚点地，一脚用力一蹬，在半空中荡出一条优美的弧线，满树的桃花随着我清脆的笑声洒落下来。

我最喜欢桃花，满树的桃花像一团团粉云浮动，又好像少女的裙子。我经常爬到树上，折一枝桃花，然后插在头上，美滋滋地喊着爷爷。爷爷乐呵呵地看着我，无奈地叹气："又折花，你这丫头，你可知道一朵桃花就是一颗桃啊。"

后来，我一天天长大，不会再做折花的傻事；而那两棵老桃树也渐渐老去，再不能承受我的重量。爷爷经常捧着茶杯对着桃树发呆，花白的头发在风里微微颤动，我知道，爷爷老了。

岁月像一条流淌的长河，将我的童年慢慢带走。

故乡的船

张若琳

"呜——呜——"河上面响起了熟悉的汽笛声，我望着薄雾缭绕的河面，心又沉入了深深的回忆……

每逢周末，我都会坐船回乡下老家。船是那种旧式的铁皮船，木头船舱，外面包上一层铁皮。每到快开船时，一大批人就会浩浩荡荡地涌进船舱里，瞬间占满了两边的长椅。原本安静的船舱一下子就热闹起来了，互相认识的人热情地坐在一起拉家常，不认识的人也在一起客气地谈论一些今天的天气、新闻。人等到差不多了，开船的人就拉响了发动机，整条船发出了震耳欲聋的"突突"声，靠近发动机的人不由自主都捂住了耳朵。

船头划破水面，撞开几个漂浮在水上的浮萍，向碧波荡漾的河心驶去，在水上留下一串白色的水花。船飞速前进，我坐在船里，感觉自己正驰骋在水面上，看着两岸的山不断远去，我想起了李白的诗句："两岸猿声啼不住，轻舟已过万重山。"虽然没有猿声，但我感觉自己有着和李白一样的心情。

船渐渐离开了城区，岸旁的青草越来越密了，偶尔还能看到一头黄牛在草地中吃草，或是几只小狗在泥潭边嬉戏。两岸的青山显得更加苍郁秀丽，我在船上，分不清哪儿是水，哪儿是岸，但我知道离家距离却是越来越近。

小船又从河面悠悠地向家驶去，驶进我的心里。

外公，我想你

金成潇

我站在田野里，看着野草随风飘摇，听着树上的蝉鸣。

远处，有两人慢慢走来，看样子是祖孙两人，边走边说边笑。看着他们，熟悉又陌生，我又想起了外公。

在我很小的时候，外公就去世了。我对他的记忆却很深刻。我清楚地记得，我坐在外公肩膀上，双手蒙住他的眼睛，然后指挥他："往左，往前……"我高高地在上面扭来扭去，咯咯大笑。我还记得，外公带我去池塘边荡秋千，他把我推得高高的，吓得我大叫："外公，快救我！"然后，他就笑嘻嘻地抱我下来。

这样美好的时光，却那么短暂。有一天，妈妈告诉我："外公去了远方，很久很久以后才会回来。"

时间过得好快，外公离开已经好几年了，如今的我已记不得外公的模样了，记不起他那笑的模样了，记不清那身影了。可我还是经常想起外公，每次想起他，我的眼泪就不听话地往下掉。

外公，我好想你。

我们班的"睡神"

周仁康

在我们3班，要是你问我哪位同学最漂亮，这我可说不准，各有各的审美标准。可你要问我谁最有特点，呵呵，我张口就来——徐同学呗！

他胖墩墩的身材，肥嘟嘟的脸蛋儿，还带着两个小酒窝，着实有点儿可爱。再加之憨态可掬，肉团团的像国宝熊猫。再看他的衣着打扮，还算干净，这更增加了我对他的好感。

他是我们班最有名的"睡神"。不管啥课，他都能睡着，尤其偏爱在语文课上睡觉。

记得那是开学的第二周。语文老师讲着讲着，突然看向我们这边，皱着眉头，抬起手，用提高了八倍的声音喊道："第四排最里面的那个同学，给我站起来！"

一、二、三、四——咦，第四排不是我们这排吗？我向里看去，天哪——徐同学正在睡觉！他双手呈交叉状，头偏向外，嘴巴微张，口水滴在桌子面上，好大一摊，语文书湿了一大片。

徐同学丝毫未动，语文老师被气得哭笑不得。他提高声音："徐同学，你做梦梦到啥子好吃的嘛？流了这么多口水！"可徐同学一点儿都未受影响，还在呼呼大睡。"天亮了，天亮了。"他的同桌叫了他，又使劲摇了他两三下才把他摇醒。

徐同学醒了后，揉了揉惺忪的睡眼，又用手擦掉口水，慢腾腾地看了看四周，疑问道："你们笑啥子哟？"逗得教室的同学笑得是前俯后仰。

老师生气地说："同学，一大清早的就来学校睡觉吗？昨晚上你干啥去了？"徐同学不好意思地回答："昨晚上我妈去摆夜市，我一个人在家。我害怕，一晚上都睡不着。"说完，还摆出一副委屈样，好像他挺冤枉似的。教室里又是笑声一片，我更是笑得眼泪都快出来了。

老师怕他再睡着，就让他站着听课。可过了一会儿，我们忽然听到打鼾的声音，循声望去——哎哟，徐同学站着都睡着了，真是睡功过人。

从此，"睡神"的桂冠就稳稳地落在了徐同学的头上，再也无人敢与他争抢了。

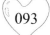

李倩倩的趣事

谢雨悦

我最好的朋友叫李倩倩，她这人特别逗，是我们大家的"开心果"。

有一天，我和几个小朋友在院子里边踢毽子，我一个后脚勾踢，毽子竟"嗖"地一下飞出了院子，掉进了隔壁院子里。妈呀！院墙这么高，邻居家的院门又锁着，怎么办呢？

这时，气喘吁吁刚刚赶到的李倩倩看到我们，马上把我们挤到一边，自个儿凑到隔壁院子的门缝边摇头晃脑，左瞧右瞧。"你们对着里面看得这样入神，是不是发现了什么宝藏？见者有份，算我一份！"李倩倩的眼睛像探照灯似的射得我直发毛。"哦！天啊！你反应真快！这么大的秘密都被你识破了！"我看着她，装作吃惊地说。

李倩倩笑得捂住肚子说："当我傻啊？我都看到毽子了！"然后她一本正经地说："这点儿小事不用担心，本大侠会飞墙术！"说完，她朝手心吐了几口唾沫，抓住墙边的树，"哧溜"一下便上了院墙，又敏捷地跳了进去。接着，毽子被她扔了出来，我们惊得把舌头吐得老长。

不知什么时候她又跳出来了。可能是高兴过了头，她竟一个趔趄摔趴在地上，半天都爬不起来。那模样，逗极了。

李倩倩就是这样，关于她的趣事三天三夜都讲不完。

我的好朋友

常星慧

弯弯的柳叶眉，小巧玲珑的鼻子，一张常常露出微笑的小嘴不怎么爱说话。她就是我的好朋友——杨丽琴。

她虽外表看上去很柔弱，但实质上却是一个外柔内刚的现代版穆桂英。有些调皮的男孩子总爱开些无伤大雅的小玩笑，比如把她的笔藏起来，抢走她手中的本子，故意碰掉她的文具盒，然后在一旁放肆得意地大笑。她却出人意料地镇静，不气也不恼，浅浅地一笑，然后走到那位同学面前，稍稍仰起头，不卑不亢地说："你有什么理由这样做？"语气刚劲有力略带高傲，平日里那温文尔雅的神情荡然无存，黑亮的大眼睛质问似的盯着对方。对方的脸唰地白了，又唰地红了，一转眼就跑得无影无踪。这时她才缓缓地弯下腰，捡起东西，再默默地回到桌旁，一句话也没有。她是那样宽容和克制。

她就是这样，对谁都一视同仁，从不计较，在她的影响下，我学会了从他人的角度看问题，懂得了谦让和宽容。

暴脾气的丹丹

梁　芳

我的同桌丹丹长得很文静，你千万不要被她的外表骗了，其实啊，她的脾气特别暴。听我随便给你讲几个她的故事，你就知道她的厉害了。

有一天，我俩在楼下玩，被一群蚂蚁吸引住了，我们就蹲在那儿，看得津津有味。好一会儿，我感觉腿有些酸，直起身来，胳膊却不小心重重地碰到了她的鼻子。糟糕！果然，没等我张嘴，她便毫不客气地喷射出一发发重磅"炮弹"："你这个人怎么搞的？是不是眼睛瞎了？"我连连道歉："对不起，对不起！我真不是故意的。"

丹丹根本不理睬这一套，"炮火"反而更猛烈了："一句对不起就完了？把我鼻子撞出血了，看你怎么承担得了……"我知道自己不是她的对手，只好任由她"轰炸"了一番。

丹丹不仅是闻名全校的"四大名嘴"之一，脾气也犟得赛过老牛。那天放学，我、丹丹、姗姗一起搭三轮车回家。她非要坐最外边那个地方，可是姗姗已经坐在那里了。她立刻施展"嘴皮子"功夫，先来软的。她天花乱坠说了半天，姗姗就是不理不睬。这下，她那股犟劲头上来了，索性跳下车，大哭特哭起来，闹得大家都不能回家。我们只好转过来央求姗姗。最后还是姗姗好脾气，把自己的座位让给了她。

丹丹呀丹丹，什么时候你能改改自己的脾气呢？

今天我是小保姆

赵 奕

星期六的下午，妈妈忙着做家务，让我帮忙照顾弟弟。

说实话，我打心底不愿意接受这个任务，因为——我这个弟弟太调皮了！在家里，他一刻都安静不下来，不是打翻盘子，就是摔坏了杯子……要想让他乖乖听话，安安静静坐上几分钟，比登天还难啊！

看着淘气的弟弟，我想到了一个好办法。我拿出了沙盘，然后偷偷看了一眼弟弟，果然，他已经全神贯注地看着我手里这件新鲜的东西了。我假装不理他，自己在沙盘上画起沙画来，弟弟这时已经完全被我吸引了，跑到我一旁，眼睛连眨都不眨地看着我，过了好久，他对我说："哥哥，你真棒！这个真好玩，你能不能教教我啊？"这样的夸奖似乎有一种魔力，让我心情大好："好啊，来，你乖乖坐好，咱俩一起画沙画。"

整整一下午，弟弟一直很乖，我们一起画了好多幅沙画，他开心得手舞足蹈："哥哥，今天我玩得好开心呀！"平日里调皮捣蛋的弟弟，今天这么温顺听话，我的心里别提有多高兴了，特别有成就感。

小 厨 神

刘培俊

星期天，爸爸妈妈都去单位加班工作，我一个人在家。写完作业，一看表，时间过得好快呀，已经快中午了。这时，我冒出了一个想法：为爸爸妈妈做一顿午饭。

做什么呢？我打开冰箱，发现还有昨天剩的一大盆米饭，那就做蛋炒饭吧。我拿出三个鸡蛋，两根火腿肠，切了一些葱花。一切准备就绪，开始做饭。

首先是磕鸡蛋，我拿起一个蛋，小心翼翼地往碗沿边一碰，可是力气太小，鸡蛋毫发无损，我便使出吃奶力气，使劲一打，蛋清蛋黄一下子全流进碗里，还把一些蛋壳"拖"下去，唉，害得我挑了一阵蛋壳。第二个，我灵机一动，用筷子把鸡蛋一戳，鸡蛋好像露出了一个小嘴巴，蛋黄蛋清从小嘴巴里流出来。接着，我使劲地搅拌一会儿，蛋清和蛋黄终于合体了，黄灿灿的，真好看！然后，我往锅里倒了一勺油，只听"刺啦"一声，油如同一个个顽皮的孩子，到处乱窜。我赶忙拿起锅盖盖住，才免被"溅脸"之灾。油刚热，我就把鸡蛋倒入锅里，哇，蛋液一下炸开了花，真漂亮！我便使劲翻炒，渐渐的，鸡蛋液有些变黄，我又把米饭倒入锅里，翻炒了几下。太神奇了，原来黏在一起的米饭，在我的翻炒下竟然乖乖散开了，和蛋花合在了一起，而且越炒越松软，越炒越蓬松，一阵阵香味扑鼻而来。我把切好的葱、火腿肠丁和准备好的盐一起下锅……此时，我仿佛觉得自己就是一位大厨，手里拿着大锅铲，可威风啦！

美味的蛋炒饭终于大功告成，这时我发现自己已是满头大汗。爸爸妈妈回到家尝了我的手艺，直夸我是"小厨神"，我的心里美滋滋的。

098

学做南瓜饼

杨子郁

今天周末，妈妈要给我做一道美食——我最喜欢吃的南瓜饼。

看着妈妈在厨房忙碌的身影，我跑过去对她说："妈妈，你教我做吧，学会了，以后我就可以做给你吃。"妈妈看着我，微笑着说："好啊，那我教你，你来动手做。"

首先，要把南瓜切片，接下来就是放入锅里蒸。打开火，只见放在里面蒸的南瓜片，渐渐由金黄色变成了红色。蓝色的火焰在跳跃，伴随着街舞音乐，整个厨房都热腾起来了。

接下来好戏才真正开始。蒸好的南瓜松松软软，加上一点儿面粉搅拌。和面真不简单，刚开始面粉少了，黏糊糊的面沾了我一手。这时，一旁的妈妈看不下去了，帮我往里面加了适量的面粉。嘿，这一下，面团似乎听话了，不再黏着我手，我继续不停揉搓，按压。终于，面粉成为絮状，继续再揉一会儿，变成了一个大面团。然后，我再把大面团分成小小面团，揉圆，压扁。总算是万事俱备了。

接下来，就要开始炸南瓜饼了。我往锅里倒油，预热，小心翼翼把南瓜小面团放入锅中。"嗞嗞……"我左闪右躲，生怕油会烫到自己，一旁的妈妈哈哈大笑。咦？它们怎么都变小黑炭了？本应该有的南瓜色去哪儿了？

我不解地问妈妈，原来是我油放少了，并且煎的时间过长，没有翻动。吸取了教训，我按步骤重新做。米黄色的面团在油的包围下渐渐变成了黄色，金黄色，香气扑鼻。

黄澄澄的南瓜饼出锅啦！我尝了一口，外壳酥脆，里面非常细嫩，香，甜！爸爸妈妈都不约而同竖起了大拇指。

099

洗 厕 记

宋子豪

星期六上午，我睡懒觉起来，看到妈妈正准备要擦洗卫生间。我想："妈妈每天工作，还要做那么多家务事，实在太辛苦了，我来帮她做点儿家务，让她休息一下吧！"

于是，我主动请缨，笑嘻嘻地说："妈妈，我来替你洗刷厕所好吗？"妈妈愣了一下，笑容满面地说："好呀！看来我们家子豪长大懂事啦！"

说干就干，我换上干净的拖鞋，走进厕所准备开始"上岗工作"。妈妈教我先在卫生间的每个角落撒下些许洗衣粉，然后用热水湿润一下。妈妈耐心地说："热水不要冲得太多，不然会把洗衣粉全冲没了。"接着，我按照妈妈所教的"洗刷厕所独家秘诀"来做。我拿起小刷子一边哼着自编的曲调："洗刷刷、洗刷刷，我左刷右刷、上刷下刷，原来每个动作都不简单……"一边把墙壁上上下下、左左右右都刷了一遍，然后把地面也刷了一遍。

过了没多久，我的手已经酸得不听使唤了。正当我想要甩下刷子"罢工"时，突然想到："妈妈几十年如一日，一直都是这样忙里忙外的。既然妈妈能坚持辛劳地付出，我为什么就不能好好地坚持这一次呢？"想到这里，我又义无反顾地投入到洗刷厕所墙壁和地面的工作中去……

最后，我要开始用水管冲洗厕所了。这是我最喜欢的步骤了。妈妈教我要从墙壁上往下冲，因为从墙壁上流下来的水刚好可以把地面冲一遍，这样省水又省力。

最后，我该冲洗地面了。因为刚才冲墙壁时已经冲过一次，所以现在不费吹灰之力就洗干净了！

在我认真的刷洗下，厕所焕然一新，仿佛换上了新装。看着亮堂堂的厕所，我开心地笑了——我为自己能帮妈妈分担家务而感到自豪！

假如我是风

　　一年四季都有我的身影。彬彬有礼，款款而来，我是快乐的。风风火火，飞奔而去，我是淘气的。快乐如我，淘气如我，我是风。

超小型演唱会

闫小媛

今天下午的语文课，窗外的知了烦躁地叫个没完，教室里，同学们昏昏欲睡。看到这一幕，杨老师合上了书本说："这天气好闷，咱们不上课了，大家推选一个同学到讲台前唱歌，咱们办一个演唱会。"

咦，这可是件有趣的事，选谁呢？教室里的气氛一下子活跃起来。大家交头接耳，议论纷纷，像是一群小蜜蜂，嗡嗡嘤嘤地飞在百花丛中；又像是一群小黄雀，在枝头叽叽喳喳。教室里简直开了锅！

"谁来唱？"老师问道。

"谁唱？"同学们像回音壁的回声。哈哈，同学们可真调皮。

"我来！"大家都循声望去，是杨玲玲，她已大步走向了讲台，脖子上挂着的钥匙亮晶晶的，一闪一闪。杨玲玲是新转来的一位同学，唱歌如何，还真是个谜。

杨玲玲先冲着大家眨巴眨巴大眼睛，调皮地作了一个揖，然后就开始唱歌了，她唱了一首《小背篓》，那歌声清脆悦耳，没想到，她唱得那么好听。教室里顿时静下来，同学们个个都听得出了神。我也闭上了眼睛，还一个劲儿地晃着脑袋，脚底下打着拍子。

一首歌唱完，掌声四起。杨玲玲又唱了一首《幸福在哪里》。歌声时时让我们联想起美好的现实，又时时把我们带入梦一般的幻境。是啊，幸福在哪里？它不在绿荫下，也不在温室里，它在辛勤的汗水里，也在我们欢乐的集体里……唱着唱着，杨玲玲也欢快活跃起来，声音越发清亮。

我转头看窗外，哟，不知什么时候，玻璃窗上贴上了一双双星星样的小眼睛，还有一个个挤压扁了的小白鼻头，哈哈，可真有意思。

超小型的演唱会，为我们驱走了疲劳，带来了欢乐；为我们抹去了眼角的倦意，带来了笑出的泪花。这一阵阵银铃般的歌声，一颗颗晶莹欢乐的泪珠连缀成一串闪光的珍珠，将永远留在我的记忆深处。

小 橘 灯

姚 莉

今天，妈妈从超市给我买了好多橘子。

妈妈说，只要我写完作业，就给我做一个漂亮的小橘灯！

小橘灯？这个我知道，是用橘灯子皮做的，里面放上小蜡烛就可以了嘛。于是，我赶紧写好作业，乖乖等着妈妈。说着容易，可做出来就有难度了。妈妈说要在一堆橘子里挑出一只完好无损、表面光滑且无"胎记"的大橘子。好！我一直翻、翻、翻！找、找、找！恨不得变小钻进橘子堆里！费尽九牛二虎之力，终于找到了一只完美的大橘子！

"橘子皮很薄，不能马虎，扒坏了就不能做小橘灯了。"妈妈一

假如我是风

边说着，一边小心翼翼地掏出果肉，一小块一小块喂给我吃。好了！开始刻花。嘻嘻，真好玩！妈妈在橘子皮上刻了一个笑脸，又刻了一颗星和一个圆，刻好了花边就大功告成了。然后把里面放上一个小蜡烛，一盏漂亮的小橘灯就做好了！

嘘！关上灯，点上蜡烛，噢，小橘灯美极了，像颗星星掉到了凡间！

停电真好

段文娜

昨天晚上，我正在写作业，突然停电了。

我高兴地推开满桌子的作业本，往外一看，整幢大楼黑沉沉的。我赶忙在大厅里点上了一支备用的蜡烛。这时，"爬格子"的爸爸从屋里摸索着走出来，嘟囔着："灵感来了，线路断了。"妈妈唠叨着："真该死，这么精彩的电视剧看不成了。"我高兴地说："来来来，爸爸妈妈，我们来开个'烛光会'吧！"

烛光摇曳着，照着大家亲切而又模糊的脸。我喜滋滋地挤在爸爸妈妈中间，左瞧瞧爸爸，右瞅瞅妈妈，一把搂住他们，狠狠地亲了他们两口，笑声回荡在整个屋子里。

我滔滔不绝地讲着发生在学校里的新鲜事。爸爸妈妈今天晚上表现得格外"出色"，笑眯眯地望着我不住地点头。他们仿佛刚刚知道：女儿已经长大了，她懂得很多很多了，也想得很多很多了。烛光跳跃着，爸爸给我讲了他家乡的故事，妈妈也给我讲了外婆的故事。

烛光摇曳着，在昏暗中，我轻轻地依偎在妈妈怀中，手紧紧地拉着爸爸，仔细地端详着爸爸妈妈的脸庞。今天晚上，爸爸显得格外英俊，妈妈显得特别漂亮。话越说越多，故事越讲越传奇……

"唰"，电来了。爸爸站起身"爬格子"去了。妈妈推开我说："娜娜，把蜡烛吹了，快做作业。"说完转身又进屋当"追剧迷"去了。我呆呆地独自坐着，望着满桌子的作业本，望着如豆的烛光，真不忍心去吹灭它。是它给我带来了那份温馨，那份亲切。我抬头望着天花板上的吸顶灯，真让人讨厌！

唉！还是停电好。

我爱剪纸

魏前锦

画画要用笔墨。可是有一种美术作品，不用水彩，不用笔墨，照样能制作出精美的图画来呢。是什么呢？你猜对啦，那就是剪纸。灵巧的剪刀，薄薄的纸片，想象力让你手里的图像插上翅膀，不一会儿，一幅幅精美的剪纸作品就诞生在手中了。

这节课，美术老师教我们剪纸。只见他站在讲台上，迅速地将面前的那张纸折叠起来。剪子在我和同学们面前飞闪……不一会儿，老师像魔术师一样把剪好的东西放在手掌里，两手一合："你们猜，是什么？"

"花？"

"猴子？"

美术老师哈哈大笑了起来，那笑声里分明透着些许得意。他喊了声："一、二、三！"然后慢慢张开手，展开一层层纸张。"哇！"全班同学沸腾起来。原来，他剪出来的是一群小朋友在手牵手啊。老师手里的一排小人，露着微笑，牵着小手，栩栩如生，好像飞着向我们奔来似的。

就这样，我也迷上了剪纸。我想剪一条鱼。我将纸对折，在对折的右边画上半条鱼，再在鱼身上画上半面花纹。你们肯定会问，为什么只画半面而不是全部呢？别着急，让我来告诉你，因为纸是对折的，一剪子下去，拉开就是一整张啦。揭晓了这个答案，我继续做最后一步，也是最关键一步，必须要剪得精，剪得巧，不出一点儿错误。如果剪破一点点，就会出现破洞，那可就前功尽弃啦。于是，我认认真真地剪完了半条鱼。我怀着无比激动的心情，层层拉开我的杰作……我兴高采烈地拿着我的作品给妈妈看。妈妈说："哟，中午正缺一条鱼呢，来，给我红烧吧！"

后来，我还学会了剪南瓜、剪铜钱……剪纸这门手艺，好多地方都用得上呢：结婚用的喜字，过年贴的窗花……这是中华文化中一门传统手艺，可谓是方寸之间天地大啊！

我很喜欢剪纸，它很有趣，让我的生活变得更多彩！

语文是什么

许 心

我学了四年多语文，可从未想过语文是什么，今天想解开这个谜，却不知从何说起。

我去请教爸爸，爸爸思索了一会儿，微笑着对我说："语文是东升的旭日，喷薄而出，光芒万丈；语文是雨后花草上的水珠，晶莹剔透，清澈圆润；语文是西下的夕阳，绚丽灿烂；语文是多彩的锦缎，流光溢彩，华丽典雅。这些美好的事物说出来是'语'，写出来是'文'，它们都是一篇篇华美的乐章。"

听了爸爸的话，我茅塞顿开：原来，语文是各个方面的结晶。古典文学里的语文是当阳桥上张飞石破天惊的怒吼，是梁山好汉风风火火闯九州的英雄气概，是林黛玉泪珠下的万点飞红，是孙悟空金箍棒下的妖魔鬼怪，是窦娥冤死后的片片飞雪，是范进中举后的疯疯癫癫，是蒲松龄笔下的花妖狐媚，是司马迁文中的英雄豪杰……令人惊心动魄，荡气回肠。

而散文里的语文是国色天香的牡丹，是月下宁静祥和的荷塘，是风雨飘摇中的红莲，是桨声灯影下的秦淮河，是朦朦胧胧的小橘灯，是钱塘江波澜壮阔的大潮，是三味书屋朗朗的读书声，是清澈明净的趵突泉……使人赏心悦目，陶然入醉。

诗歌里的语文是什么呢？它是蓝天里的一行白鹭，它是墙角的数枝白梅，它是寒冷江水里的明月，它是大漠中的一缕孤烟，它是王谢堂前呢喃的燕子，它是古道西风中的瘦马，它是东篱下的簇簇菊花，它是长江中的孤帆远影……让人含英咀华，回味无穷。

现在我才知道，语文不是一篇篇应试作文，也不是一份份模拟试卷。它可以是天空中的一片彩云；它可以是原野上的一朵蒲公英；它可以是一双清澈明亮的眼睛，观人世沧桑，看人间温情……

想为你造一片森林

齐雪丹

叔叔送给我一只小鸟，是刚刚抓住的。它很可爱，很漂亮，背上那绿色的羽毛又松又软，我把手放在上面一蹭，有说不出的舒服。

我喜欢得不得了，赶紧从厨房找出一个小碗，装上小米喂它，可是它却趴在笼子里一动不动。"小鸟不会是得病了吧？"我拿来一只筷子，捅了捅它鲜红的小爪子，小鸟叫了一声，扑扇着翅膀在笼子里飞了起来，一下子打翻了小米碗，仿佛要挣脱这个小小的囚笼。

第二天一醒来，我就跑去看小鸟。它的羽毛好像失去了光彩，非常凌乱，它的叫声也变得悲伤，那么绝望。我吓了一跳，想伸手安慰一下它，没想到，小鸟像是受惊了一样，在笼子里不停地扑腾，身体在笼子上撞来撞去。它又试着把小脑袋使劲往外伸，但被两根竹棍卡住了。它不停叫着，声音一次比一次小，一次比一次嘶哑。它用大大的黑眼睛望着我，好像在向我求救。

我再也看不下去了，赶紧打开了笼子。小鸟张开了翅膀，刚飞起来，却又掉了下去，挣扎了两下，死了。我难过地大哭起来。

可爱的小鸟，对不起，我不该没收你的自由。我想为你造一片大森林，让你在自己的天地里自由自在地展翅飞翔！

孤独的暑假

朱鸿飞

我最发愁过暑假，因为孤单的生活太令人生气。

暑假里，父母上班忙，规定我只能待在家里。上午看书、写作业，可下午就不知该干什么了。玩，玩什么？和布娃娃说话，可她一动也不动。听音乐？有的太悲伤，有的又太欢快。看电视？没有好看的节目。于是，我每天都好像一只被关在笼中的鸟儿，望着窗户发呆。我想象自己的表情：两眼发直，一动不动，仿佛一尊雕塑，没有灵魂。

发呆的感觉有时很舒服，但常被钟声打断，过后我便会发脾气，一下子喝两三杯水，排解我心中的寂寞。这个时候的我就像一只在天空中迷失方向的大雁，不知该飞向哪里，也不知道该怎么飞，最后坠落山涧。漫长的两个月时间对我来说，像大海一样无边无际，没有尽头。我多么希望一天就是一分钟，可惜希望仅仅是希望。

唉！美梦落空，只好继续孤单。我不由得回想起幼儿园的生活：没有作业，只有小伙伴和玩具，滑滑梯、荡秋千、攀高梯、做游戏……每天，妈妈也会领我去玩，陪我下棋，而如今，爸妈都说学习重要，不能玩了，我感到十分孤单和不快乐。

这样的日子太沉闷，我讨厌这种可怕的寂寞。我希望走出门去，身边有同学，有游戏；我希望生活永远充满欢声笑语，没有孤独。

成长的烦恼

侯宇欣

从前，有一个快乐的孩子，她会爬树，会唱歌，无忧无虑地奔跑在园子里，趴在草丛里学牛羊吃草，那就是我，曾经的我。

不知何时，一种莫名其妙的感受闯入了我的生活，它就像是美丽海滨城市里发生的海啸，碧色森林里蔓延的火灾，破坏了那原有的美好。我的心开始变得烦躁、苦恼、浮躁，开始顶撞父母，有了令人厌恶的坏脾气。心中那片美好的花园遭到严重的破坏，我开始讨厌起自己。

因为讨厌自己，我开始向往漂亮大方；因为讨厌生活，我开始渴望简朴快乐。一次课上，我竟一丝也没听进去，整节课无所事事。回家，妈妈责问我，我一副无所谓的样子，竟顶撞了一句："不想听，不要听，不好听，不听！"妈妈愣了一下，眼圈红了，低头回了卧室。我呢？站在那里，只能站在那里，沮丧地低下头。我回屋把笔记补上，重新拿起卷子和讲义。可是，我没听，一点儿也不会。仰头悲叹，奇怪自己到底是怎么了，为何忽然变成这样。开门，走到卧室前，推一下虚掩的门，竟发现妈妈正在读这样一本书——《关于青少年的青春期》。她看得很专注，并未觉察到我的到来。我苦笑，掩门，回房。没干什么，只是反省自己。

我知道，从此，我有了烦恼。

开始反感妈妈的唠叨，可又如此强烈地感到自己的丑恶，内心的丑恶。我讨厌自己的性格，那一点点的琐碎小事，都会触动我的脾气，我有了烦恼，烦恼……

成长，烦恼；成长，烦恼。我是小小的少女，心中思考着无尽的问题……

想说给爸爸妈妈的话

——读《汤姆·索亚历险记》有感

王可颜

暑假里，我看完了《汤姆·索亚历险记》这本书，感触很深。这本书是美国著名小说家马克·吐温的代表作，写的是以汤姆为首的一群孩子丰富多彩的生活，汤姆是一个喜欢幻想和冒险的人物，给我留下了深刻的印象。

汤姆是一位调皮捣蛋的孩子，不爱读书，爱玩冒险游戏。他用自己的智慧让别人替他刷了墙，还得到了许多好玩的东西。有一次，汤姆和朋友哈克见证了一桩杀人案，汤姆勇敢地揭露了杀人犯的谎言，成了一个受人尊敬的小英雄。汤姆还和两个好朋友度过了一段他们向往的海盗生活。最终，他们回到了温暖的家。

汤姆是顽皮的，喜欢逃课去和好朋友们玩；他也是机智的，他用一根风筝线救了自己和贝琪的命；他还是勇敢的，在人们要绞死波特时，他站出来揭穿了乔的谎言。

我佩服汤姆，他足智多谋，又富有同情心，他不喜欢呆板的生活环境，做了种种冒险的事。汤姆的童年生活太有意思了，真是人生中一笔宝贵的财富。和他比起来，我每天都是学习再学习，还有写也写不完的作业。

亲爱的爸爸妈妈，请不要用分数评定我的一切。只要我是态度认真的，不要因为一次小失误就否定我，请不要伤害我的自尊。请不要给我太多的压力，失败乃成功之母。我是在不断努力的，请给我加油。

爸爸妈妈，让我像汤姆一样有时间快乐地玩吧！不要让我按照你们的要求做一切，因为那样不是真实的我，而是你们希望看到的我，让我做真正的自己吧！

112

我们总会长大的

——读《小王子》有感

黄依婷

我们总会长大的。总有一天，我们会明白爱的责任。

"我太年轻了，甚至不懂怎么去爱她。"这是小王子说的。他爱着玫瑰，玫瑰也爱着他，可是他们彼此还不够理解对方，玫瑰的自负让小王子负气离开了B-612。一位哲人说过："有时候人们需要过一段背井离乡的日子。"在一段说走就走的旅行后，小王子长大了，明白了爱。或许年少的我们和他们很像，我们不懂被爱，也不懂去爱，常常会忽略身边人的感受。我们自认为感受不到他们的爱，可是又怎么知道那些小爱已经渗入心底，成了已经熟悉的大爱。因为太熟悉，所以选择忽略，不是吗？好好去爱别人吧，让他们感受到你的爱意；好好被爱吧，让自己感受到他们的温暖。

"因为你用心浇灌了你的玫瑰花，你在它身上花费了时间，所以它才在宇宙中变得独一无二。"当小王子离开后，他想念玫瑰了，在撒哈拉沙漠里，他看见了玫瑰。成簇的玫瑰，美丽的玫瑰，却不是他的玫瑰。玫瑰欺骗了他，她不是这宇宙中独一无二的玫瑰，小王子很伤心。但是后来，他想明白了，即使玫瑰不是宇宙中独一无二的，但是她还是他独一无二的玫瑰。这是小王子的初心。初心很重要，不要因为其他的原因而忘了自己的初心。我们身边的一切都会改变，但是我们专心于某一件事情时，它已经是独一无二的了。沉浮一世，总要有"走自己的路，让别人说去吧"的豪气。我们总会长大的，守护好自己的初心吧，不要迷失了方向。

"一旦你驯服了什么，就要对她负责，永远地负责。"小王子驯服了狐狸，可是他却离开了狐狸，没有做到永远负责，想必心里难安。人活在世上责任最重要，责任后面隐藏的，是一个人的良心。小王子现在没有做好，但是他总会长大的，也总会做到的。

狐狸告诉小王子的秘密，也是肉眼无法看见，比如爱与责任，是需要用心灵去看的。不要被假象欺骗了，想想自己的本心。

我们都是小王子，我们都会长大！少些抱怨，才能轻装上阵，珍惜哪怕犯错的机会才能担当起爱的责任。

是的，我们总会长大的。

好书伴我成长

高靓靓

伟大的文学家歌德说："读一本好书，就如同跟一个高尚的人交谈。"哲学家培根说："读书给人以快乐，给人以光彩，给人以才干。"书就像烛光，能照亮一个人，进而带动更多的人。每读完一本书，都会学到很多东西。

爱上读书，是因为我们班是语文特色班，班主任姜艳老师同时还是我们的语文老师。我们班有"读书小比赛"的特色活动，谁读的得书多，得到的小红星就多。姜老师说："一日不读，口生；一日不写，手生。"她要求我们，每读完一本书，就把感受写出来，分享给同学和家人，并在微信群里展开热烈的讨论。

我们读的第一本书是《一年级的小豌豆》。小豌豆坚强、有爱心、乐于助人，能自己背着书包上学。她还很细心，善于观察。读完后，我就像小豌豆一样，学着坚强自立，经常帮助同学，尊敬师长，争取成为一个富有爱心的人。

后来，我又陆陆续续看了很多有意义的书。比如，《洋葱头历险记》中，洋葱头为了拯救父亲，吃尽了苦头，经历了许多磨难，让我学会怎样保护家人；读了《塔克的郊外》，我学到了要关心爱护朋友，为朋友做一些力所能及的事情；《夏洛的网》讲述了一只热心肠的蜘蛛，勇敢地为朋友承担危险的故事……

慢慢的，我读书越来越多，懂得的知识也越来越多。书籍像一把金钥匙，给我打开知识的大门，更像给小鸟插上翅膀，使我越飞越高，翱翔在蔚蓝的天空。

我和书的故事

姚宇阳

莎士比亚曾经说过："书籍是全世界的营养品。"曾经我不太喜欢读书，是妈妈想出一个特别好的办法让我喜欢上读书。

以前，每次做错事情，妈妈就让我"面壁思过"，怎么个"面壁思过"法呢？就是把一张报纸贴在墙上，然后放一把椅子在报纸的前面，在半个小时之内，我只能坐在椅子上，哪里都不准去。坐着椅子好无聊啊，只好读那张报纸打发时间，有时候我不想读，可胳膊拧不过大腿，生气的妈妈让人害怕。刚开始罚我"面壁思过"的时候，我还能耐心坐着，但我不看报纸，觉得一点儿意思都没有。时间久了，我捣蛋闯祸的次数多了，这样的惩罚就开始无聊起来。

有一次，我正无聊地坐在小椅子上对着墙壁想事情，突然我看到报纸上的一个故事挺有趣的，读完了这个故事，我忍不住又把报纸上其他的故事也看了一遍，最后把报纸从墙上取了下来，津津有味地看了起来。没过多久，妈妈走了过来，说："好了，面壁时间结束，你可以去玩了。"我这才发现，我已经看了一个多小时的报纸了。慢慢的，我就喜欢上了文字，喜欢上了读书。

我在读书时，还闹过一个笑话。有一次，我在路上边走边读着一本书，走着走着，忽然，我撞到了一个人，我连声说："对不起，对不起，我不是故意的。"那个人原谅了我，而我却知错不改，继续边走边看。突然，"咚"的一声脆响，我的脑袋撞到了电线杆上。好丢人啊！我捂着头一路小跑赶回家。

我喜欢书，更喜欢读书。

书是我的良药

庄永灿

116

一说起读书，我的话就多了。

我的读书经历是从那次的图书馆借阅开始的。

记得那一次，老师发给我们一张奇特而有趣的小卡片，硬硬的，像银行卡一样。老师告诉我们："有了这张小卡片，你们就能到学校图书馆去借阅各种各样的书了……"老师话还没说完，同学们就迫不及待地冲出教室，三步并作两步跑到阅读室。哇！门口的防盗设施和门禁器可真现代化，拿出珍贵的借览卡刷过后，我怀着敬畏的心情走了进去。一看，一张歪歪扭扭的大桌子摆在正中，虽奇怪却又富有美感，几张椅子放在旁边，两根靠墙的大柱子围着一圈椅子，四个大书架整齐地排放在后面，书架上的书虽然破旧，但却摆放得井井有条，十分美观，每一行甚至还贴上了书种。每一本书上都贴有条形码，借阅时，只要扫描一下就好了，可真方便。

我们小心翼翼地走入书架群，尽量不发出声响，生怕惊动了什么人似的。在那走过的一瞬间，我正好发现了我梦寐以求的皮皮鲁系列丛书。我赶紧走过去，好像它们马上就会消失似的。我拿起一本，坐到座位上，翻开书页看了起来，那妙趣横生的语言使我捧腹大笑。我看了一页又一页，一章又一章……后来我发现周围都没几个人了，一看时间，快上课啦！

之后，我便对读书产生了极大的兴趣，不过那时我还读不懂《三国演义》《哈利·波特》《水浒传》等这些大部头的书（在我当时看来），只能看皮皮鲁这类的小故事。

可是现在我已经五年级啦，开始尝试着读懂中国四大名著。其中，我最喜欢《西游记》，喜欢孙悟空的机灵勇敢和高强的武功，喜欢猪八戒的憨厚、沙和尚的老实和唐僧的坚持不懈。

在我不舒服时，书总能使我重新精神抖擞；在我无聊时，书总能使我活力四射；在我难过时，书总能使我哈哈大笑……总之，书是我的良药。

117

假如我是风

邹林芷

假如我是风，我就会到处走……

走着走着，我遇到了不少朋友，我热情地跟他们打招呼。你好！

清澈的小溪，你看见我就精神百倍，向前奔跑，奔跑……是想跟我赛跑吗？你好！湖中的小鱼，我走过来了，你们纷纷探出头，是在迎接我吗？你好！生机勃勃的小树，你总是摇来摇去，是邀我与你一起共舞吗？喂！害羞的白云，我一来你就走，是不喜欢我吗？我猜，是你害羞了吧……

我来到海边，和海水玩耍。一会儿把海水往前推，一会儿又让四面的海水碰撞，漾起层层波纹，我一使劲，海水掀起了阵阵巨浪，随着巨响，巨浪和崖壁在欢呼中击掌。

日子一天天地过去，夏天的脚步声，由远而近……

随着暖流我向前奔跑，一路上遇见了无数的水滴，水滴越积越多，我也越跑越快，不一会儿，我们就越过山林，飞过江河，奔向田野，来到广场……大树、庄稼、人们都在享受这份清凉。我又在夜色中开始散步，伴着蛐蛐的琴声擦干人们的汗水，哄睡摇篮里的小宝宝……

夏日的炎热一点点散去，秋天悄悄来到了……

我轻轻吹过田野，带着泥土的芳香，混着高粱酒的香甜来到果园。果园里的果实微微摇荡，似乎在诉说着告别的情话，倾诉着秋的思念。

伴着秋天的恋曲，我吹着口哨捎来北方的消息……

冬天已经来到，这是我最"野"的时候了。在这个季节里，我会去串门，家家户户，我都要去走一圈。人们却并不热情，常常把我拒之门外。这时，我便使出绝招，一路狂奔，化身为冬的使者，给大地、山川、房屋……披上白色的衣衫。这可乐坏了孩子们，他们追逐、奔跑、嬉戏……这样的冬天，我也不会孤单。

一年四季都有我的身影。彬彬有礼，款款而来，我是快乐的。风风火火，飞奔而去，我是淘气的。快乐如我，淘气如我，我是风。

我是一张纸

黄小奕

　　"刺啦"一声，我被一双粗壮的大手从杂志上撕了下来。

　　我落到一双肥嘟嘟的小手里。看，他把我的身体折成两半，让我饱受骨折之痛，真是太坏了。随后他又把我压到一个杯子下，虽说我身材苗条，可也不能把我压在"五指山"下呀！

　　我的身体被来回翻动，弄得我头晕眼花。紧接着，这个讨厌的小胖子又直朝我喷唾沫星子。他早上肯定没刷牙，嘴巴如此之臭，还不停地朝我放"毒气弹"。哼！

　　几经反转，我落到了一个大胖子手中。只见他满脸堆笑，脸上的肥肉拧成一团，看着他那狞笑的面孔，我隐约感到背后拔凉拔凉的。直见他鼓起腮帮子，瞪起眼珠子，双眼死死盯着我，我不禁打了个寒战。突然，我被一双大手高高举起，紧接着又传来一声大吼，我的小心脏呀！我被残忍地叠成了一个不规则图形。几经蹂躏，我的身上早已是伤痕累累，唉，我真是命苦呀！

　　在他们的对话中，我得知他们要用我吹倒水杯。唉！虽然成功了，将成为一个壮举，但也不该用我的生命做代价吧？

　　最后，我落到了一个长得十分秀气的男孩儿手中。他轻柔地将我抚平，用手把我卷成一个圆纸筒，轻轻地折了一下。那感觉，就像在做按摩，好舒服呀！他的气从我身体内通过，传向另一个通气孔，我的身体鼓起来了。"铛"的一声，杯子倒下了，我的使命完成了！一种自豪感油然而生，哈哈，原来像我这样柔软的东西，也能扳倒水杯如此重的物品呀。

我是一张纸，你要好好善待我哦！

歌星米奇

刘　灿

米奇是一只性格有些软弱、身材瘦小的藏獒。在其他藏獒练习"降狼十八掌"时，它却在一旁学习唱歌，一点儿武功都学不会。因此，大家都觉得它懦弱无能，顺便送给了它一个绰号——"无能"。

"无能，降狼十八掌学会了没有呀？小心狼来了哟！嘻嘻！"大黑獒嘲笑道。

"狼来了不是有你们吗？如果我学会了降狼十八掌，你们还能继续叫我'无能'吗？"米奇一边爱理不理地搭腔，一边拨弄着琴弦。

"米奇想去城里闯一闯！"一头忠厚老实的老牛悄悄地对大黑獒说。

"嗯，拥有一样特长也挺好的。我们明天就去村口送它启程吧！"大黑獒幸灾乐祸地说道。

回去之后，老牛对米奇道出了自己的肺腑之言："你要不忘初心，坚持自己的梦想，持之以恒地奋斗，直至成功！这样，别人才会对我们刮目相看的……"米奇含泪地点点头。

第二天，大家都到村口送米奇。大巴车来了，米奇踏上了去城里寻梦的班车，大家也都一一回家去了。

好长一段时间，米奇淡出了大家的视野！

到了城里之后，米奇与几个喜爱音乐的朋友迅速组成了一个摇滚乐团。然后，它们一起去各地唱歌、演出，提高知名度。一次偶然的机会，米奇得到了"摇滚猫王"安哥士的赏识，并且有幸和安哥士一起同台献艺，完成了它生命旅程中第一次真正意义上的演出。

此时此刻，其他藏獒正在家里目不转睛地盯着电视，羡慕地看着米奇演出。

随着米奇的演出次数越来越多，它的人气越来越旺。不久，米奇这个名字已经悄然传遍了整座城市。

有志者事竟成，米奇终于登上了荣耀舞台——金人奖赛舞台。

如今，米奇已成了名獒，红遍了大江南北，媒体记者争相去采访报道它。有一次，米奇演出结束后，电视台记者采访了它："尊敬的米奇先生，您能给喜欢您的粉丝和观众朋友们谈谈您成功的秘诀吗？"米奇接过话筒笑了笑，轻描淡写地说道："成功=梦想+汗水。在你失意的时候，不要去管别人怎样嘲笑你，只要好好地坚持最初的梦想，坚持不懈地努力付出，一定能抵达成功的终点。"

米奇的话音刚落，在场的粉丝代表给它献上了芳香的鲜花，观众们不约而同地鼓掌，演出现场雷鸣般的掌声经久不息！

骗人的下场

朱琳琳

胖猫好不容易捉到了一只跛脚的老鼠。它正准备美餐一顿，突然想起村里的人们常骂它又懒又笨，于是，它决定去炫耀一番。

胖猫叼着跛脚老鼠跑遍了全村。人们看到这番情景，纷纷赞扬胖猫变得勤奋了。胖猫听后心里甜丝丝的，心想："要是明天、后天我叼着这只老鼠再到村里跑两遍，一定会得到更多的赞扬。"

第二天，胖猫叼着跛脚老鼠刚跑了几家，人们就认出它嘴里叼的还是那只跛脚老鼠。

胖猫的花招被人们识破了，大家不仅认为它又懒又笨，而且还说它比原来更坏，因为它学会了骗人。

七星瓢虫除害记

李　昊

一个美丽的花园里，花儿开得正热闹，红的似火、粉的似霞、白的似雪。当太阳公公露出笑脸时，一只小蚂蚁爬上花朵，东张西望了一会儿，又快速地消失在花瓣中。不一会儿，蚂蚁带着许多白白胖胖的蚜虫，不知从哪里冒了出来。蚜虫看到怒放的花朵和嫩嫩的绿叶，就迫不及待地扑了过去，张开嘴巴，贪婪地吮吸起来。

这时，一只美丽的七星瓢虫从远方款款飞来，在花园上方盘旋着。突然，它发现了正吃得起劲的蚜虫，不禁火冒三丈："可恶的小坏蛋，又出来干坏事了，看我怎么收拾你们！""嗖"的一声，七星瓢虫像战斗机一样俯冲下来，直奔蚜虫而去。这时，放哨的蚂蚁发现了，它挺身而出想阻拦七星瓢虫，七星瓢虫不慌不忙地轻轻一挥翅膀，蚂蚁被甩出去老远，跌落到草丛之中。蚜虫见到七星瓢虫，顿时乱成一团。"花大姐"毫不客气地追赶上去，一口一个，把蚜虫消灭得干干净净……

假如我是风

小猪历险记

任政瑄

有一只小猪，它特别顽皮。猪妈妈一直警告它，千万别去森林里玩，那里很危险，可小猪都没有放在心上。

有一次，小猪摇着尾巴出去找食物吃。它来到森林边上，看着里面茂密的大树、飞舞的蝴蝶，忍不住走了进去。它走呀走，忽然，它在草丛中看见一个小黑球。

小猪从来都没见过这样的球，它感到很高兴，用力一踢小黑球，它的脚就像针扎一样疼。仔细一看，原来是一只小刺猬。小刺猬很不高兴地说："是谁在踢我呀？没看到我在睡觉吗？"抬头一看，原来是一只小猪。小刺猬问正在嗷嗷直叫的小猪："是你踩了我一脚吗？"小猪带着泪花说："是的！我不知道是你，对不起。"

这时，一只老虎悄悄地向小猪逼近，它的肚子饿得咕咕直叫。看到白白胖胖的小猪，老虎馋得直流口水，猛地向小猪扑去。正在这时，小刺猬急忙向前一滚，一身刺扎到老虎的屁股上，痛得老虎趴在地上，哭着说："这是哪儿来的暗器啊？"老虎夹着尾巴逃走了。

从此，小猪便和小刺猬成了好朋友。

遇见另一个自己

　　遇见另一个自己，这个自己就可能是你身边的影子。它在你忧伤时，为你分担忧愁；它在你快乐时，与你分享快乐。它在你孤独一人时，在你身边伴着你。

那晚的月亮

陈佳怡

八月十五是中秋节，这一天的月亮是一年中最圆的。小时候，每到这天晚上，我就会同妈妈和几个小伙伴在七里港码头吃夜宵，赏月亮，那感觉，真是好！

几年前的一个中秋节夜晚，我们一家和叔叔阿姨们一起去码头。进码头之前有个路口，因为人实在太多，交警封了路，不让车子开进去。爸爸只好把车停在外婆家门口，然后下车走路过去。这下可把我们几个小孩子乐坏了。因为路边会有很多摆摊的人，他们卖一些会发光的东西和娃娃。我最喜欢的是荧光棒，掰几下，它就可以发光，还可以用套子把荧光棒连接起来。我们买了好几十根，放十根在手上，左手五根，右手五根，再在脖子上套十根，变成一个大环。我喜欢这种感觉，感觉自己变成了发光的天使。逛累以后，我们选了个位置好一点儿的地方吃夜宵，赏月亮。我们三个小孩儿倒是没啥兴趣，只是感叹几句"月亮好大啊"，就开始消灭自己盘中的食物。

快乐的时光总是很短暂，不久，我们每个人都开始上学，很少能够见面，也没有再一起去码头了。我真是想念那晚的月亮，它承载了我们的美好回忆。

我的旅行神器——手机

冯少捷

出门旅行，一部手机或许是一个很好的伙伴。休息时，可以听听音乐；游玩时，可以为你拍照。

穿上运动装，戴上太阳帽，开始旅行。坐在拥挤的大巴车上，兴奋的心情渐渐变得烦躁起来。打开手机，看看童话故事，听一首优美的乐曲，四周的嘈杂之声似乎一下子消失了，变得安静。一路上，我都在戴着耳机听音乐，几乎所有的歌都听遍了。其中，刘珂矣的《半壶纱》最让我欣赏，常常让我浮想联翩：墨已入水，渡一池青花，揽五分红霞，采竹回家……那么静谧，那么诗意。

到达景区，开始游览。听见潺潺的溪水流动的声音，看见威武雄壮的高山，在饱受污染的城市里待久了，在这大山之中自然生出一种欣喜之情。遇到令人陶醉的景色，打开手机，自拍、全景、视频……统统记录下来，将一次令人心旷神怡的旅程都记录下来。

夜深人静，睡觉前，我打开手机，看着手机里的照片，回想着这美好的一天。照片上的我摆着可爱的姿势，一个个搞笑的表情，自己禁不住笑出了声。哎，这张照片里的我像一个小丑，那张照片上有一个小孩子正歪歪扭扭地走路，哈哈，真好玩。忽然，有点儿想爸爸妈妈，打开手机相册，找到爸爸妈妈的照片，或者给他们打个电话，还可以视频聊聊天……总之，无论怎样，手机都可以帮我解决很多事情。

无聊时，可以打开手机，看一看电子书，翻阅一下自己喜欢的书籍。既能打发无聊时间，又可以获得知识。当然，我还可以伴着手机里的舞曲来一支劲爆的街舞，动动手、动动脚、扭扭身子、弯弯腰……感觉真是爽！

我的旅行神器功能强大吧？你的旅行神器是什么？快来和我分享吧！

凤凰山之行

刘奕佳

今天，要和外公一起去爬凤凰山。

妈呀，就我这小身板，轧轧马路还凑合，要爬这足足有一千多阶的凤凰山啊，真是癞蛤蟆垫桌腿！照我蜗牛般的速度，回来非得到天黑不可！

跑到镇东的外婆家，才知道哥哥懒劲犯了，中途变卦不想来，妹妹要去吃酒，恐怕也是不能来了。那岂不是就我一个人？转头刚想向老爸求救，却见老爸才一眨眼的工夫便绝尘而去，只留下在太阳底下闪闪发光的汽车屁股。气得我真想打人。

怀着一股怨气爬上了外公电瓶车后座，一路颠簸到凤凰山。我慢腾腾地跟在外公后面，一步一步机械似的向上爬去——没了哥哥和妹妹，谁想来爬山啊？

渐渐上了山腰，这里的空气清新又凉爽，之前因太阳暴晒和爬山带来的闷热一扫而空，让我颇为享受，更让我惊异的是我体能的长进，上到山腰竟然只休息了一次。

到了山腰，沿途的风景越来越多，我兴奋地在林间小径和两块岩石构成的洞穴中钻来钻去。外公看我这么开心，便给我讲起了"雷打岩"的故事：古时候，有个妖怪藏在岩石中，被雷公发现后，打下来一道雷，消灭了妖怪。这块石头也被雷公降下的那道雷劈出了一个"十"字形状的裂缝。我绕着岩石上的裂缝走了一圈，嘿！还真是个"十"字！

我正在仔细想着外公讲的故事呢，却不想脚下一滑，差点儿掉进裂缝里。我之前的注意力都在裂缝形状上，现在仔细打量一下它，还着实被吓了一跳：黑漆漆的裂缝深不见底，正午的阳光只能微微照亮最上面的一层，最深最深的黑暗像化不开的浓墨，似乎真隐藏着什么远古的怪兽。我吓得一个哆嗦，赶紧擦掉头上的冷汗，连滚带爬地跑下了石头。

抬头一望天，正午差不多已经快过去了，可我还没吃午饭呢，一想到这，我的肚子就"咕咕"直叫，急忙叫了外公，一起走下山去。

再见，凤凰山。

遇见另一个自己

朱载涵

今天，妈妈给我讲了一个俞伯牙与钟子期的故事。

当时的俞伯牙是一名大夫，家中有数万家产。可钟子期却是一名砍柴的人，衣着简单。两人身份地位之差巨大，却成了知音，太难得了。

当时俞伯牙琴术高超，却无人听懂琴声中的含义，让俞伯牙很失望。一天，他到山中弹琴，正好被砍柴经过的钟子期听见了，钟子期说："弹得真好，如徐徐清风吹过面庞。"伯牙听了大惊，他终于见到了知音。伯牙又弹了许多曲子，在心中想几个事物，钟子期都说出来了。伯牙大喜，与钟子期成了好朋友。可是，不久钟子期抱病而亡，伯牙悲伤地摔碎了琴，终生不再弹琴。

他们两人的深情厚谊，让我记忆深刻。

一个盲人从早到晚都生活在一片漆黑的世界之中，他只能叹息。但他却在别人眼中与嘴中认识了自己，他不再叹息，开始融入生活。

我，你，他，甚至世界上的所有人，都会遇见一个自己，会从别人的眼中看见，从镜子中看见，从别人的描绘中想到……

遇见另一个自己，这个自己就可能是你身边的影子。它在你忧伤时，为你分担忧愁；它在你快乐时，与你分享快乐。它在你孤独一人时，在你身边伴着你。

遇见另一个自己，我们的人生会大有不同。

老师来自少林寺

吴奕玮

我的语文老师超级逗，我们都叫他老余。

六年级开学第一天，不知道是谁传的，说我们的语文老师来自少林寺，虽然一脸凶相，可是却有一副绝对的菩萨心肠。

随着上课铃声响起，一位一脸憨厚、戴着一副眼镜的老师走进了教室。他可能练过少林绝学"狮子吼"，说起话来声音老大老大，仿佛要震破教室的墙，我们吓得一动都不敢动，连看他一眼都怕。

可是相处几天后发现，他竟是如此搞笑之人。

一次课间，同桌突然说了一句："要是作业没写完怎么办？"想想之前的老师，除了请家长，就是罚抄写，似乎就这么几招。这时，我们身后传来老余洪亮的声音："如果没写完的话，我不请家长，也不罚抄写，我会把你们轻轻地、轻轻地……掐死！"全班同学都被逗得笑了起来。

哈哈，真没想到老余是这样搞笑的人啊！

今天就先说到这儿，上课了，老余来了！

老师，请您耐心点儿

武晶晶

这个寒假，我过得很不开心。因为快放假的那节课，时时浮现在我脑中……

那是一堂数学课，学的内容是"小数的基本性质"。说实话，那节课刚开始，我听得挺专心、挺认真，但不知为什么，听着听着我的脑子就渐渐地模糊起来……"武晶晶，请你说说小数的基本性质什么？"我不由一惊，立即站了起来，心咚咚地跳个不停："小数的基本性质是……是……"老师和同学们都等得不耐烦了，离下课时间越来越近……这时，老师一脸严肃，生气地说："你给我站直！"最后由别的同学为我补充了完整的答案。"兰兰同学平时成绩不好，可她能把这个问题回答得准确无误，你却不知道，还有脸充当好学生吗？"老师一边说，一边把教鞭高高地举起，一下接一下地敲在桌子上。

我被老师的批评吓坏了，"不要流泪，泪水呀，你一定不能流下来。"我暗暗地叮嘱自己。可是没有用，眼眶一阵发酸，止不住的泪水像断了线的珠子倏然而下，我连忙用衣袖擦去。在同学们异样的目光中，老师发话了："你坐下。"坐在位子上，我的手和腿还在不停地颤抖。

下课铃终于响起来了，老师慢慢地走出了教室。我伏在桌上，忍不住又放声大哭起来。

现在已是寒假了，但每想到那天发生的事，心情就不是滋味。说不清是委屈，还是抱怨，反正一闭上眼睛，就是老师举着教鞭的样子……老师，请您耐心点儿。

老师的工作

米　娜

有的同学认为老师的工作非常轻松。可是，请大家想一想：当我们下课做着各种各样的游戏时，老师正在干什么？老师正忙着批改作业，检查我们的学习情况。夜晚当我们已经进入梦乡时，老师又在干什么？老师正在家里写教案，为下一节课而忙碌着。我要说，老师的工作就是两个字——"忙"和"累"。

忙，老师忙在哪里？每天上课前，老师都要在办公室忙着备课和准备要带的教具，准备课上怎样讲才能让同学们听懂；课堂上，老师把书本里面的知识一字一句地讲给同学们听，把掌握的知识传授给同学们；下了课，老师又忙着把上节课的情况填到教案本里，再准备给别的班上课。你看，老师是多伟大的传授知识的工程师啊！

累，老师累在哪里？批改作业是老师最累心的事情，老师每给我们留一道作业题，他就要反复批改一百多道题，每名学生的作业本上都有老师用红笔勾画出来的天地，作文本上那一字一句的精心评语，都是老师呕心沥血的杰作。

老师，您在平凡的岗位上默默工作着，虽然在书上见不到您的名字，在报纸上看不到您的照片，但您却是我们心中最最敬爱的好老师！

133

他

咸欣维

教室的门被打开了，班主任老师阴沉着脸走了进来。班里刚才沸腾的声音就像刚烧开的热水倒进了冰块里，一下子就安静下来。"吵什么呢！"他瞪着所有人的脸，眉毛紧紧地皱着。

班里的同学几乎都羞愧地低下了头假装看着书，心里却默默祷告："赶紧开始上课吧，上课就不会再骂人了。"

这时，我偷偷地抬起头瞄了他一眼，只见他脸上的小酒窝又冒了出来。哈哈，原来他在骗我们，一下子骗了我们所有人。我不由得笑出声来，其他同学也都发现了班主任的恶作剧，都笑了起来。他终于也装不下去了，跟着我们一起哈哈大笑起来。

"我告诉你们啊，上课时讲话吵闹是不对的，下课时不讲话不吵闹也是不对的。"他说话，总是这么幽默风趣。他费尽心机，想一展威风，却不料被自己的酒窝出卖了。

对我们，他总是一脸春意盎然，提着一个如他一般强壮的水杯，迈着轻快的步伐向教室走来。我们每次一看到他，便开玩笑地叫着："老余进村了，老余进村了！"他一点儿都不生气，两个酒窝跳了出来，笑嘻嘻地开始上课。

这一天，阴雨绵绵，他好像很伤感地对我们说："我是你们的老师，你们叫我老余，可我有名字，这样显得我太没地位了。"我们一脸的紧张，老余到底怎么了？不是一直都叫得好好的吗？我们正在担心，他却一脸坏笑："哈哈，怎么样，又被我吓到了吧！"

哈哈，这就是我们的班主任，我们的老余。

"猪头"标签

林　赫

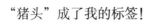

"猪头"成了我的标签！

"林赫100分，全班第一。"四年级第一次考试，我得了满分。我像个大将军一样大摇大摆地走上了讲台，得意的神情怎么都装不住。

　　放心玩吧，我是第一名！这个寒假，我玩得很爽，每天从睁眼玩到天黑。妈妈提醒我："别只顾着玩，不好好写作业，不好好预习，开学你要掉队了。""不怕不怕，我是第一名！"我就这样疯玩着，一直到快开学那几天，才急急忙忙把作业写完。

　　开学后的第一天，老师就来了个突然袭击。

　　我不怕！第一名怎么会怕！

　　考卷发下来，我看了一眼，太简单了！我用了不到三十分钟就写完了，然后，拿出纸，开始画画，完全没有检查。考完后我就对周围的同学们说："这次考试，我要不是第一名，我是猪头。"我十分有信心。

　　第二天，试卷发下来了，不敢相信，我才考了79分，完了，全完了，我后悔死了！

　　"猪头！猪头！"同学们叫道。

　　放学回家，下雨了，连老天爷也哭了！我回到家，看见门口的小梧桐"笑"得直不起身，可恶！

　　不知过了多久，窗外渐渐亮了，乌云散去，太阳出来了，而窗外直不起身的小梧桐，依旧活着。

　　我明白了，那棵小梧桐分明告诉我要坚强！不管经历狂风还是暴雨，一定要勇敢、坚强！我知道了。在那之后，我分外努力，我一定要让"猪头"的标签灰飞烟灭。

我 能 行

支心怡

"我能行"这三个字常常挂在我的嘴边，几乎成了我的口头禅。不管在学习上，还是在日常生活中，只要遇到困难，我总是对自己说："我能行！"

又一次站在了二百米赛跑的起点线上，心里很激动。终于可以证明自己了。

上次的失利瞬间又出现在脑海中。也是二百米赛跑，可我临时出现了意外，摔了一跤，结果跑了个倒数第一，我这个运动健将被人耻笑，那个难受啊，恨不得找个地缝钻进去。这次还会吗？

发令枪响，比赛开始了！

我像一匹脱缰的野马，第一个冲了出去。可是，起跑的时候有些用力过猛，我感觉腿开始有点儿不听话，迈不动。一定是刚才拉伤了肌肉。眼见着身边人一个个都超过了我，我开始有点儿心慌。

"加油！心怡！"突然我听到了鼓励，"心怡你是最棒的，你能行的！"

是我好朋友梦洁！我的心猛地一震：是的，我能行！

我猛地咬紧了牙关，对！我能行，我一定能行！我迅速加快脚下的步伐。

咬紧牙关！拼了！真的拼了！

脚也不那么疼了。我拼命地往前冲。

为了大家，更为了证明自己，"我能行！"我在心中一遍又一遍地说道，一次又一次地加速。

我仿佛看见了同学们鼓励我、表扬我的情景，加油，加油，再加油！

长发在耳旁飘起，旁边的人与物也在飞快地倒退，一步，两步，三步……到终点了！我终于到终点了！

我得了第二名！我超越了自己！

小　萌

郑人溥

今天，天阴沉沉的，下起了蒙蒙细雨。我的心也像这天气，难过极了。

这是因为小萌要走了，他是我最要好的朋友。

两年前，他跟着父亲来到温州，来到了我们班。

刚开始，我很不喜欢他。因为他不会说温州话，所以很少跟他玩，没有共同语言嘛。可是，他很勤奋，他很快就在班级崭露头角。

后来，我不喜欢他，因为语文本来是我的强项，每次我都稳坐班级第一名宝座，可自从他来了，每次第一名都是他的。

总感觉他很小气。每次班级活动，大家一起分享零食，他每次都躲得远远的，他说都是垃圾食品，不健康。我们一直没有在意。

最令我震惊的是，每次一起去玩，遇到乞丐，我们都是装作看不见，直接走过。而小萌总会将几元的钞票，塞到乞丐手中。我们都知道，小萌的父亲在工地上做建筑工，每天很辛苦，小萌每个星期的零花钱很少。当时我们都骂他傻，说有很多假乞丐骗钱，小萌只是笑笑。

再后来，因为我和小萌同桌，很自然成了朋友。他很热心，全班无论谁有困难，小萌都会第一个伸出援手。特别是体力活，小萌说，在他们老家，小孩子都要劳动，这样才有价值。小萌还说，每个人都要去帮助别人，这样别人才会喜欢你。小萌说什么，我想我会一直记得。

可是，小萌现在却要离开我了，他又要跟着父亲去下一个打工的地方。

小萌，我会一直记得你的！

138

她是我的榜样

潘　瑛

新学期开学，我随爸妈来到了他们工作的城市，到新学校上学。陌生的环境、陌生的老师、陌生的同学，我感到很失落。但是很快我就发现，在这个新的大家庭中，有很多同学都很值得我学习，他们都很优秀。我们的班长就是其中的一个。

一张清秀的脸，常常露出发自内心的微笑。不浓不淡的眉毛下，是一双水灵灵的大眼睛，当她看着你的时候，你会感觉到这双眼睛在跟你说话。是的，她对人是那样真诚，一见面你就可以感受到。高高的鼻梁，很秀气的样子。她有着一张能说会道的嘴，说出来的话，总是会令人信服。想想也是，人家是班长，要是没有口才，怎么行呢。

　　班长很有责任感。大家都知道，早上是记忆力最好的时候，所以老师总是要求大家利用早上的课前时间多读书。可是，有些人早上一来不是谈天说地，就是玩得不亦乐乎。看到这种情况，她每天总是早早来到学校，督促大家认真读书。经过一段时间的努力，大家慢慢都变得自觉了。而为了这件事，班长可算是操碎了心啊。

　　班长的性格好，谁要是有困难，她都会热情相助。在班上的同学中，我觉得她最善解人意了。体育课上，做仰卧起坐，老师要求同学们互相搭配，共同完成。同学们都找好了对子，开开心心来练起来，可是我没找到人啊。我的性格内向，遇事不愿意向人开口，可心里却急得什么似的。这时，身后传来一个声音："你怎么了？没人跟你组对吗？我们一组吧！快来，我们开始吧！"我一边做一边向她诉说心里的不愉快："都没人跟我玩呢！哪像你啊，人人都喜欢你。"她轻轻拍拍我的肩："谁说的？我就爱跟你玩。你这么聪明爱学习，作文也写得好，我还要向你学习呢！"看我没回答，她又认真地看着我，关心地说："不过我觉得，你这内向的性格也有不好的一面，你可以对人热情主动一点儿哦。你试试我的建议吧，好不好？"听了她的话，我感到心里暖融融的。

　　这就是我的班长，如果你见到她，你也会喜欢她的。

柠檬讲故事

徐嘉楠

大家好，我是柠檬，欢迎来听柠檬讲故事。

那天，我那圆滚滚的身材追随着风来到购物广场的路口。你知道的，星期六，最容易堵车啦！堵车会怎样？每个人都会很烦躁，容易发怒。开车的拼命按喇叭，步行的就拼命捂耳朵。

每当这个时候，我都感觉自己脑袋快要爆炸啦。我的第一个想法就是逃离。

就在这时，一辆车进入我的视线，开着车的中年人一直在按喇叭，吵得人难受。坐在他车内的孩子拿起包包，看样子是想要拉上拉链，只听"吱嘎"一声，好像卡住了，那孩子不知道怎么回事，更使劲地拉着，可是却一点儿用都没有。此时，只听那爸爸慢悠悠地说："硬拉一定会拉坏的，慢点儿！往后退一下，再拉，试试。"孩子听了爸爸的话，轻轻往回一拉，那金属小拉链果然服服帖帖地扣上了。

路正堵得很，忽然，旁边车道的车试图挤到他们的车前面去，车里的爸爸很生气，一点儿都不让，而且很用力地按起了喇叭。这时，孩子叫了声："慢点儿，爸！让他们先走吧！"爸爸虽然很不情愿，但他还是让了一下，其他的车子看到这个情形，也开始谦让了，于是，他们的车子竟然真的顺利地开过了拥堵的红绿灯路口。中年人眉开眼笑："听儿子的话，还真没错哦。"说完两个人都会心地笑了起来。

柠檬说，生活就像拉拉链，有时退一步海阔天空。没有一种生活是完美的，只要你愿意换一种方式角度来对待，就会有不一样的结果。

亲爱的，在你心情烦躁时，要不要试试呀！

我错怪了她

刘若彤

今天是星期天，爸爸妈妈都不在家，我叫来好朋友卢丹陪我一起写作业。

写了一会儿，我去卫生间上厕所。"嘎吱嘎吱……"如同老鼠啃食的声音从客厅传来，还带着一股子薯片的香味。我来到了客厅，看见卢丹正抱着一大包薯片吃得津津有味。我心中顿时一惊。我求了妈妈好几天才给我买的薯片，我藏在柜子里一直都舍不得吃，怎么被她吃了呢？想到这里，我气得不得了，心中仿佛有一万头小狮子在咆哮。"你怎么随便就拿别人的东西！还没经过我的同意！"我再也忍不住，怒吼出声。

"啊，这是我从家里带来的啊，本来想跟你一起吃的，可是我实在没忍住就自己先吃了。"卢丹小声地说。她大大的、水灵灵的眼睛眨动着，长长的睫毛，仿佛两只蝴蝶般灵动。她的脸上还写了"无莘"两个字。

可我偏偏就是不相信她，继续说："你要吃我的薯片没关系，但是你也要问我的意见呀，我又不是不给你吃，你用得着偷吃吗？你这个小偷！"

"我不是小偷，我没吃你的薯片！" 卢丹的眼圈已经红了，她说完，哭着跑了出去，我在后面叫了几声她也没有回头。

回到房间以后，打开柜子，发现我的薯片正安安静静地躺在那里。原来真的是我错怪了她。

卢丹，对不起。我不应该小气，不应该冤枉你。

请尊重我

李佳怡

142

我有一个小伙伴，它从很小的时候就陪伴着我，它的名字叫眼镜。

因为斜视，我在三岁时就开始戴上了眼镜。随着年龄的增长，我发觉在别人眼里，戴眼镜似乎是一件不光彩的事。有的同学在我背后指指点点，给我取了个"四眼"的绰号。我表面上装作不在乎，可心里却总觉得酸酸的。

有一次上体育课，老师教我们掷垒球。一位男生一手拿球，一手指着我大声说："我要砸死这只'四眼田鸡'！"这句话引起了一阵哄笑。我只觉得脸上火辣辣的，喉咙里好像卡了一块东西，说不出话来，眼泪不由自主地往下掉。难道我戴眼镜有错吗？

回到家，我向妈妈倾诉苦恼。妈妈微笑地看着我，对我说："不要太过在意别人的眼光，视力不好并不是你的错。你要好好学习，让自己变得更优秀，把别人嘲笑的眼光变成羡慕的眼光。"

从此，虽然我依然戴着眼镜，但是我比其他同学更努力地学习，同时也原谅了那些曾经嘲笑我的同学，热心地帮助他们。现在的我，比从前更开朗、更活泼，也更自信，我从自卑的阴影里彻底走了出来。

一个优秀的我，用行动告诉所有人："请尊重我。"

我真后悔

琚玥莹

上个星期六，我的好朋友蓉蓉叫我去她家玩，她家的院子里摆满了各种艳丽的花，好漂亮。

蓉蓉拉着我来到一盆茉莉花前，自豪地说："这是我最喜欢的茉莉仙子！瞧，多白！多嫩！多香！"这盆茉莉花的确漂亮，翠绿的叶子托着洁白的花朵，那嫩白细腻的花瓣散发着一股清香。我一下子看得入了迷，一个念头在我心中闪过：要是自己有一朵该多好，哪怕一小朵……只要伸手轻轻一掐，那醉人的花朵便可得到……我两眼盯着茉莉花，却不敢伸手去掐。要是掐了，她会多心疼啊！我努力使自己平静下来，让心中的念头尽快走开。

过了一会儿，我和蓉蓉开始踢毽子。这是我最爱玩的游戏，可此时我一点儿兴致也没有。心中的那个念头怎么也赶不走，那雪白的茉莉花总在眼前晃动，那么好看，那么迷人……"踢热了，我去喝口水！"蓉蓉说了一句，转身跑进了屋里。

院子里只剩下我一个人了，鬼使神差般，我又来到那盆茉莉花旁。我在心里说："我只摘一朵……就一朵……以后我种了，赔她几朵都行……"我终于伸出手，摘下了一朵。

我迅速地把花装进衣兜里，"叽喳"一声鸟叫，吓得我一阵颤抖，我环顾四周，没有什么人，蓉蓉还在屋里喝水呢！然而，到底是做贼心虚，我不敢再多停留，慌慌张张地离开了蓉蓉家。

从那天起，我一碰到蓉蓉就觉得发慌，我怕她乌黑的眼睛，怕她追问摘花的事，怕她……唉！我真后悔！

144

秋 来 了

宋 琳

夏天的余温才刚刚离开，秋日就追寻着落叶纷飞的脚步，悄悄地来了。

初秋的气息已经那么浓，几场萧瑟的秋雨过后，桂花开了，这种清凉温馨的香味在大街小巷弥漫开来，让人们享受到了一种久违的凉爽。

假设你闻不到这种怡人芳香，那也不用着急。你可以去听听落叶飘零的声音。轻轻的"咔嚓"一声，叶子与树干最后的联系也终于断了，它如飞舞的蝴蝶，在空中旋转着下落，最后悄无声息地落到了大地的怀抱。落叶经过一场秋雨的洗淋，变得更加光润了，踩上去还发出"咯吱咯吱"的响。

你还可以去看看山野，秋天的色彩是最丰富的，且不说那发胖的石榴、金黄的柿子，就是那星星点点的桂花，也在枝头招展着它那金色的短裙呢！还有绚烂的秋菊，花瓣散着清香，在叶子的掩映下，是那么动人，那么鲜艳。还有那翠绿的芦荟，碧玉的外表，娇嫩可爱，实在是让人不忍触碰啊。

秋天的味道是香甜的，一大片一大片飘散着麦香，还有那软糯的糍粑，香甜的月饼，咬一口，甜在嘴里，美在心中，这些都是秋天的味道啊。

秋天，你的魅力无与伦比，任何语言文字都无法去描述你的美，我爱你，这令人沉醉的初秋。

145

秋　　叶

张　丽

秋天，许多树叶都变换了色彩，变得更漂亮了。

人造湖公园也有许多美丽的叶子。咦？这是什么树的叶子，好奇怪呀！我摘了几片较有特点、看起来也十分漂亮的叶子，准备拿回家研究一下。

回到家，我仔细端详：有一些叶子是深红的，玲珑又小巧，像妈妈的深色口红，低调又不失华丽。也有一些叶子早已干枯，但底下的那一抹金黄与上面的深红自然过渡，色彩十分悦目和谐，让人暗暗称奇，恐怕只有大自然这神秘的画家才能调抹出这赏心的色调吧！有水分的叶子油光水滑，摸起来很柔滑，有一种很舒服的感觉。有一种"营养缺失"的小树叶，呈心状，放在阳光下就变为半透明的了。

我把叶子扬向空中，它像一只蝴蝶，迎着风翩翩起舞。我把它放在水上，它随着水的波动而动，一直飘着，却不沉底。

秋叶，虽然离开了生它养它的大树，但落叶归根，又完成了一次生命的轮回。

再过几天就入冬了，可正如英国诗人雪莱说："冬天来了，春天还会远吗？"

146

那迷人的秋

崔　丽

夏姐姐悄悄地走了，秋伯伯拿着箱子慢慢地走来了，眨眼间，花儿凋谢了，草地变黄了，树叶凋落了，人们也穿上了毛衣。我喜欢这迷人的秋——丰收的果园、温暖的大衣、金黄的落叶……其中，我最喜欢秋天的落叶。

每到秋天，公园的羊肠小道上，都铺满了落叶，我走在上面，那动听的声音"沙沙沙"就传入了我的耳朵里，像是一位音乐家在唱歌。在一棵银杏树下，我随手接了一片银杏叶，只见那金黄金黄的落叶，犹如一个小小的舞裙。

这时，一个白蜡树叶落在了我的手上，乍一看，像一个张牙舞爪的魔女。再仔细看，宛如一位害羞的小姑娘，拿裙摆遮着自己红彤彤的脸庞。

看，那边好像着火了。原来，是几十棵枫树在"群魔乱舞"。我拿起地上的一片枫树叶，只见那长长的细细的树纹，分散到了四面八方，在那红红的"手掌"上，像是爆出了一道道细细的血管。

我爱秋天，我爱秋天的落叶，我更爱秋天那一道道迷人的风景！

这就是爱

　　我对"爱"有了自己的理解——爱就是甜蜜的。后来发生的一件事，让我认识到自己对爱的理解太片面了，爱除了甜蜜，还有关心。或许，这就是爱吧——不华丽，不失真。

这就是爱

山嘉璐

爸妈结婚十六年了，他们每天仍像初识时那样天天待在一起，仍然每天一起挤到厨房里去做饭，一起坐在沙发上看电视，一起手拉手出去散步——对于"一起散步"这一点，他们解释说是为了活动健身。他们不允许我跟他们一起散步，直到现在都没给我一个合理的解释。

潜移默化中，我对"爱"有了自己的理解——爱就是甜蜜的。后来发生的一件事，让我认识到自己对爱的理解太片面了——爱除了甜蜜，还有关心。

那天妈妈的脸色非常不好，一进家门，把包往桌子上一扔，就一头倒在了沙发里，她的手紧紧地捂着肚子，眉头紧锁。

爸爸和我见状，一个人端着一杯热水，一个人拿着一条毛巾，蹲在妈妈身边。爸爸摸着妈妈的头，着急地问："怎么了？肚子不舒服？"妈妈不说话，点了点头表示肯定。

接下来的时间里，爸爸一直在妈妈身边忙前忙后。我们都以为这次生病，妈妈只要喝点儿热水就会好的，可是没想到到了晚上12点多，妈妈依旧没有好转，而且还反复呕吐。

爸爸和我都有些慌——要是再这样吐下去，人会虚脱的，怎么办？现在去诊所已经晚了，只能打车去医院了。

爸爸想到这里，立刻灌了一瓶热水，给妈妈穿好衣服和鞋，就扶着妈妈去医院了。他嘱咐我说："自己在家早点儿睡觉，我们一会儿就回来。"

后来，爸爸给在睡梦中的我发了一条短信："你妈妈已经打上针了，正睡觉呢。"短信的铃声把我吵醒了，我看了看表：凌晨3点半。

也就是说，爸爸12点送妈妈去医院，在医院里跑前跑后忙活了三个多小时！中途他或许都没休息过；现在，他或许很困，眼皮在上下打架。我知道，爸爸不会让自己睡着——因为妈妈还需要他的照顾。想到这里，我的嘴角不禁微微上扬，恰是幸福的弧度——我感动于爸爸对妈妈深厚的感情，为他们的相依相持而感到骄傲与自豪！

或许，这就是爱吧——不华丽，不失真。

外公，你是我的榜样

林奕琛

我的外公是一名书法家，虽然他名气很大，但是他对老家的乡亲或者朋友却很好，一点儿都没有架子。

每当过年的时候，外公的老家总会有一些乡亲来请外公写春联，外公总是"来者不拒"，一一满足他们的要求。

有一次，外公生病了，老家的一位邻居正好来请他为结婚的儿子写一幅中堂。外公连忙从床上爬了起来。因为身体虚弱，外公的双腿微微颤抖着，费了好大的劲才站稳。当外公将中堂写好，那个老邻居表达谢意时，外公却将写好的中堂扔进了废纸篓，一脸歉意地对他说："实在抱歉，今天身体不好，字写得不像样，我改天一定再写一幅，裱好后给你送去，一定不会误了你的好日子的。"后来，外公真的亲自将裱好的中堂送到了这位老邻居家。那时我想，外公的名气那么大，写一个扇面就是上百元钱，而对老家的人，外公不但不收钱，还一定要给他们精品，有时还要自己搭钱为他们裱好，给他们送去，外公为的是什么呢？

后来我渐渐明白了，外公之所以会受到那么多人的尊敬，就是因为他总是那么谦虚，那么乐于助人，那么讲信用，就是因为他有那么高尚的人格。外公为我树立了一个学习的榜样，他，值得我永远学习。

我想有个家

152

徐方伟

"这日子没法过了！"爸妈又吵起来了。

我最大的愿望就是能有个真正的家，一个能使我安静学习的家，一个简朴的家，一个不吵不闹的家……

我的家在哪儿，我不知道。反正四处漂泊。这不，我们又从集宁搬到了包头。为的是什么？为的是给我创造一个良好的学习条件。为此，我们吃尽了苦头。

每当我去同学家的时候，看到他们那宽敞明亮的家，听到那谈笑风生的话，我真羡慕他们能有这样一个美好的家庭。我想：我要有这么一个家，那该多好啊！可是，这只能是一个美丽的梦。当同学要来我家的时候，我总是不愿意。因为我觉得羞，觉得害怕，怕同学耻笑我。

我的家不固定，仨月一搬，俩月一倒。搬家，算得上是一件麻烦事，可对于我家来说，却是一件极简单的事。我家走到哪儿租到哪儿。每一次搬家，只搬一张床、几条被子、一些做饭用具，既没有光彩夺目的新家具，也没有气派的家用电器，就连一个写字的地方也没有。我回到家只能趴在软乎乎的床上写，写完了就得帮家里做一些力所能及的活，连复习的时间也没有。

我想有个家，有个不吵不闹的家。因为爸爸妈妈时不时就要为大事小事吵一吵，他们比谁嗓子亮，嗓门儿高，吼得这个小家都摇晃起来。我和妹妹只好好言相劝，但无济于事。每当此时，我就想：爸，妈，你们怎么这么不懂事，不能和和气气地商量，只是争吵不休。他们一和好，我和妹妹就十分高兴，希望天天如此。

我想有个家，一个安静的家，一个和气的家，一个美满幸福的家。有天晚上，我做了一个梦，梦见我有了这样一个美满幸福的家！

153

我想回家

范竞元

我的爸爸妈妈在离家很远的广州做生意，只有过年才回来一次。我和弟弟一直都跟着奶奶一起生活，可是今年，奶奶的身体特别差，没办法，我和弟弟只好去上了全托的学校。

这就是爱

快开学那几天，弟弟每天都哭着不想去上学，不想住学校。而我，其实也一样。

开学的第一天，我们就住在学校里了。弟弟在六楼，我在七楼。

晚上，我躺在床上，怎么也睡不着，总觉得会有事情发生。正想着，从六楼传来哭声，我一听就知道是我弟弟。我弟弟哭的声音很大，嘴里而还不停地叫着："我要姐姐，我要姐姐。"我听着他那伤心的哭声，真想飞到他的身边，安慰安慰他。可是我知道不能这样做，要坚强，给弟弟做个榜样。

同学们全托在学校，难免都会想自己的妈妈，有的同学晚上还会悄悄地为想妈妈而哭。可是我却不会，从我上一年级到现在，我的脑海里就没有了妈妈的存在，更不会为想妈妈而哭了。每次我看见妈妈就像看见陌生人一样，一点儿都没有亲切感，和其他人没有什么不一样的。

有人说，妈妈是我们心灵的依托。我说，爷爷奶奶才是我心灵的依托。有人说世上只有妈妈好，我说，世上只有爷爷奶奶对我最好。为什么这样说呢？因为我从小就是在爷爷奶奶的照顾下长大的，爷爷奶奶养育了我这么多年，爱了我这么多年，你们说，我会不喜欢我的爷爷奶奶吗？爷爷奶奶一直在弟弟妹妹面前说我是他们的榜样。而妈妈呢？在她帮我买各种东西的时候，妈妈是个掏钱的人；在她帮我洗衣服的时候，妈妈是个保育员阿姨……这么多加起来，我觉得她只是一位家庭保姆。除了这些，妈妈不会和我们交流什么，也不问我什么。

可是，尽管这样，每年春节爸妈回来，我和弟弟都很幸福。好吧，其实，我说不想妈妈是因为生气，我想他们，我想回家。

我也是一个幸福的孩子

胡文达

五岁本是偎依在妈妈的臂弯里，倾听《摇篮曲》的年龄，然而父母却双双离我而去，撇下我和年迈体弱的奶奶相依为命，生活相当清苦。

如今我上四年级了。冬天，我总是穿上奶奶缝了又缝、补了又补的棉袄，它虽然不能和同学们的羽绒服相媲美，但我穿在身上，心里却感到特别的暖和。

我清晰地记得去年大年夜的情景。奶奶挪动小脚用颤抖的双手拿出那串珍藏了很久的鞭炮："孩子，咱也放鞭炮，吃饺子……"那一刻，我分明看到奶奶那慈祥的脸上蕴含着忧愁。我跳出去，把鞭炮挂到树上，在"噼噼啪啪"的鞭炮声中我跑到奶奶身边，泪水模糊了我的双眼。

生活就这样一天天地维持着。一天，我正走在放学回家的路上，德育主任叫住了我，微笑着说："孩子，我带你去见两个人。"说着把我抱上自行车。正当我纳闷儿的时候，车停住了。我们下车后，看到了很多人，他们是希望工程的叔叔阿姨们，其中有两个人抱着一套校服和一些学习用品，他们微笑着望着我，是那么和蔼可亲。他们走到我面前，一把搂住了我："我们专程来看你，以后也会经常来……"一切都像在梦中一样，泪水又模糊了我的眼睛。

当我背着新书包穿着新衣服上学去的时候，我脑子里一直浮现着叔叔和阿姨可亲的脸。我在心里想啊，我也是个幸福的孩子！

阿　咪

赵千里

我认识一只猫，他就住在小区楼下。我们来往密切，于是我便自作主张给它取了个名字：阿咪。

阿咪是一只拥有"三宫六院"的漂亮黑猫。它的伙食是不错的，所以阿咪那身漂亮的毛，整天油光水亮。它的两耳耳尖各有一小撮白亮白亮的毛，像极了宝石，或是珍珠耳环，虽然我觉得公猫戴耳环会让人发笑——但我敢肯定，在猫界，阿咪也算一位"美男子"，它太美丽了。

在春天里，小区里的许多猫都来找同伴玩了。其中最好的选择就是矫健而又美丽的阿咪了。一只姿态大方的米色猫虽然已经有了沉沉的肚子，但也时常在阿咪面前晃，想和阿咪玩。阿咪却不理她，反而喉咙里"咕噜咕噜"地生气了，一下从草丛里蹿到树上，跳到人家院子里去了。偶然的，米色猫瞥见了我，僵了一下，便飞似的跑走了，我真担心她的肚子。

半夜起来喝水时，我会听到像小孩儿哭声一样的叫声。听说老猫的叫声很像小孩儿哭声。我想想阿咪，再想想米色猫，倒觉得都不像是他俩叫的。阿咪年轻力壮，算不了老猫，且我没有听他叫过；而米色猫叫声尖尖细细，绝不是这种声音。我没听过阿咪叫，也不想让他叫得如同哭声。我深深觉得老猫是经历过悲伤的猫，所以叫声悲哀。但我想阿咪绝不是悲伤的猫，我觉得他一定十分快乐——虽然这样想有点儿自私，但我还是希望他快快乐乐的。

要我说，他也有宫廷王子的教养。不仅不轻易开口，不与别的猫说三道四，一字步也走得极为漂亮。他在"三宫六院"中待惯了，偶尔也会"微服私访"，到小区的小马路上走走，步态显得格外悠闲。

不过有人说，真正的皇室猫应该被人养在皇宫里，在主人的爱护下享受生活，之后被养得白白胖胖。如果真是这样，我倒觉得阿咪是位为了自由生活而出逃的王子，毕竟，阿咪在那样的环境下是待不住的——它太活泼了。

在普通人家，拥有"三宫六院"并且像阿咪这样常常出去闲逛的猫都会被人们认为不忠诚，嫌贫爱富，这样的说法导致有些人对猫的态度十分不好，甚至对其拳打脚踢。也许是因为这样，阿咪才会选择做一只自由自在的野猫吧。

157

我家的兔八哥

刘志俊

今天，爸爸给我带回来一只可爱的小兔子。

它的全身是灰白相间的，毛茸茸的，摸上去舒服极了，它的两

这就是爱

只耳朵又大又长，眼睛是红色的，像两颗晶莹剔透的红宝石，漂亮极了。

我给它取了一个好听的名字：兔八哥。它吃东西时，可爱极了。先闻一闻食物是不是它喜欢吃的，确定是它喜欢吃的东西后，它就会拿起来，然后舔一舔，再尝一尝味道，如果好吃的话，它就会开心地津津有味地吃起来。它的嘴巴是非常奇特的三瓣嘴，吃起东西来一张一合的，很俏皮呢！

它特别调皮。妈妈买回来一些白菜和萝卜放在了地上，然后就出去忙了。这时，兔八哥出动了，它快速地跳到一堆蔬菜的旁边，连忙朝四处看了几下，确定没人之后，就开心地大吃起来。吃了一会儿后，妈妈回来了，它听到声音后，立刻跑了回去。当妈妈看到菜被吃得一片狼藉时，顿时火冒三丈，想好好教训它一顿，后来还是我拦住了妈妈。

我真喜欢这只可爱的兔八哥！

158

黑　豹

吴瑞军

黑豹是大舅家厂房里的一条狗。它浑身油黑发亮，就像穿了一件黑色的貂皮大衣，一双明亮而有神的眼睛，总是虎视眈眈地注视着每一个来厂房的人。

黑豹是一条很凶猛的狗，厂房附近的人都知道它的名气，因为它咬伤过几个人。可这也不怪黑豹，因为它咬的都是来厂房的陌生人，它是在守护厂房。但是，它还是因此被大舅重打了几回。

黑豹吃东西从不挑剔，无论喂它什么，它都会吃得津津有味，所以长得十分健壮。黑豹平时都是被拴起来的，每一个来厂房的人看到它都胆战心惊的，就连妈妈见了它都远远地躲着它走，可是我却很喜欢它，经常喂它东西吃，吓得妈妈让我离它远点儿。其实黑豹对我非常友善，从未对我叫过。

有一次，不知是谁忘了关上厂房的大门，黑豹趁机挣脱链子跑了出去。大舅他们找了好几天也没有找到它，没想到半个多月后，黑豹竟然自己跑了回来。看到失而复得的黑豹，我们都高兴极了，尤其是大舅，抱着黑豹的头直夸它聪明。

黑豹还有一个本领，那就是捉老鼠。但它可不是"狗拿耗子——多管闲事"，它干得可是正事。姥爷在厂房里种了一小块菜地，还没等我们吃呢，老鼠却"捷足先登"了。看着被糟蹋的蔬菜，我们心疼得不得了。于是姥爷双管齐下，一边用"电猫"电老鼠，一边让黑豹晚上潜伏在菜园附近。等天一亮，就会看到在厂子显眼的地方有几具老鼠的尸体，这时，黑豹就会围着姥爷转来转去，显出一副得意扬扬的样子。

黑豹现在已经老了，它的身体也不像以前那么灵敏了，但是它还在忠心耿耿地守护着大舅家的厂房，警觉地注视着每一个来厂房的陌生人。

仓　鼠

张新文

在我补习班的教室里有两只小仓鼠，它们的主人是一个姐姐，那两只小仓鼠是那个姐姐最珍爱的小动物，从不肯轻易示人。在老师的软磨硬泡下，姐姐终于同意把她的小仓鼠展示给我们看。

初见这两只小仓鼠中的胖胖时，我们真的被它那毛茸茸、圆鼓鼓的身体所吸引，它真的很胖，像一个白白的小球。它的可爱不仅体现在它的外表上，更体现在它的吃、睡、跑上。

它的吃相好萌，当姐姐把鼠粮放在她嘴边时，它就迫不及待地把鼠粮夺过来，双手捧起鼠粮，把鼠粮送到嘴边，迅速地把食物吞到嘴里，嘴巴不停地嚼动，好像怕有人和它抢似的，不一会儿就把鼠粮吃完了。接着它就在笼子边上继续找食物，姐姐又给了它一颗果实，它先把果实的皮剥开，这时我们看得目瞪口呆，我们以为它会把果实连皮吞下。它可真是个聪明的小动物。

小仓鼠喜欢白天睡觉，它睡觉时总喜欢把头埋进锯末，把自己藏起来，防止别人伤害它，并让自己更暖和，因为锯末是它温暖的"被窝"。它睡觉时总是用头把锯末一点儿一点儿拱开，然后往里面拼命地钻，它的屁股一扭一扭的很可爱。快看，它已经藏得没有踪迹了呢！

160

夜深人静的时候，是仓鼠最活跃的时候。你会听见滚轮"呼噜呼噜"地滚动，也会听到秋千"吱扭吱扭"地响着，那是仓鼠的快乐时光，因为它正在开心玩耍。玩累了，它会准确无误地跳到家里歇一会儿，隔一会儿它就又跑上了它的"跑步机"不停地跑，偶尔还会叫一两声呢！

它终于玩渴了，它迅速跑到"饮水机"旁畅饮着，随着"咕咚咕咚"的声音，瓶子里的水急剧减少。

姐姐偶尔会把它拿出来遛遛。姐姐把它放在课桌上，它立刻变成了一个奔跑的白球，我们都害怕它从桌子上摔下来，姐姐却若无其事地说："没事！"果然，我们每次看到它跑到桌子边缘，它都只是嗅来嗅去，接着便转身离开，好一只聪明的小动物。

水晶饺子

俞芊成

一家人热闹地围在桌前，尝着碗里那美味的水晶饺子，我的思绪随着舌尖的余味一同飘到几年前……

"天天，快来吃水晶饺子啦！""来啦！"还是奶奶那亲切的叫唤声，我咧着嘴跑到桌前。"刚出锅的，趁热吃，小心烫嘴啊！"我迫不及待地舀起一个饺子送入口中，那喷香的味道马上在嘴里蔓延开来。

之所以被叫作"水晶饺子"，它肯定就会有与众不同的地方。水晶饺子特别在面皮，不像其他饺子一样是面粉揉起来的那种厚厚的、

这就是爱

白胖的皮，而是具有弹性的，透明的，如水晶般晶莹的，入口即破，外貌、口感俱佳，故称作"水晶饺子"。这也是奶奶最拿手的一道菜。

小时候悠闲自在，最喜欢住在奶奶家，坐在藤椅上，晒着太阳，吃着点心，消磨阳光。最重要的还是奶奶隔两三天，便会给我做一碗水晶饺子吃，而我也是百吃不厌。小时候天真无邪、自由自在的时光，就被紧紧包在这"水晶"里。

时光无情，如刻刀般在奶奶脸上刻上了岁月的纹，而我也已慢慢成长为"大孩子"，我背上了行囊，离开家乡，去远方读书，满载奶奶的牵挂。

好久才回去看奶奶，还没到门口，便望见远处一个身影在急切地踱步等待。"奶奶！"我喊着，向她招手，她似乎变得精神了起来，尽力让她的脚步不显得艰难。她紧紧握住我的手，向我询问着学习的情况，我却注意到她佝着背，快比我矮上一个头了，白发也添了不少，想到今后我也不能多陪陪她，眼泪竟情不自禁地流下来。

162

东 坡 肉

叶雨静

"但愿人长久，千里共婵娟。"一张小纸片从书中飘落，是苏东坡的词。

东坡。东坡肉。我闭上眼笑了，外婆的红烧肉，是我童年最美好的记忆。外婆是杭州人，年轻时做过厨师，东坡肉是她的拿手好菜，每逢佳节或是全家团圆之际，我便有口福尝一尝东坡肉。

外婆准备好所需的食材和调料，笑吟吟地把我拉进厨房，观看她烧东坡肉。基本食材是带皮的五花肉，外婆把棉绳泡在热水中至软化，放在一旁备用。她把洗净的五花肉切成厚块用棉绳绑紧，指着五花肉侧过头对我说："棉绳一定要绑紧，不然绳子松开，肉也会松散。"边说边娴熟地将肉放入开水中氽汤至肉色变白，捞出沥干水，整齐地摆进另一个锅，撒上葱、姜，并倒入融化了两大勺糖的酱油、黄酒、水直至没过肉块。外婆把这一切做得那么从容、惬意。外婆盖上锅盖，用中火煮到卤汁沸腾，转小火慢煮，香气渐渐弥漫到了整个厨房，每一寸空气都是幸福的味道。熬了约一个半小时，外婆关上了火，再闷半个小时左右，东坡肉就可以捞出来了。做这么一道菜要三个小时，几乎是一个下午的时间，但外婆没有表现出一丝的不耐烦和着急，她是爱做菜的，她是爱厨房的。

岁月偷走了外婆的许多东西，但她的东坡肉味道依旧。

那是外婆的味道，童年的味道。

我笑着把纸片塞回书中，但愿人长久，千里共婵娟。

163

重庆小面

邱婷婷

说起我的家乡，相信你们听了它的名字之后一定会口水涟涟，它就是美食之城——重庆。

这天，我走在回家的路上，街两边的火锅、串串、牛排、小面馆……正热火朝天地营业着，好饿啊，我决定找一家填饱肚子。

一家小小面馆映入我的眼帘：小小的店里摆了六七张小方桌，已经坐满了食客，店前的空凳子上坐满了等着吃面的人，根据妈妈教给我选吃的经验，我毫不犹豫地走进了这家小面馆。

小小面馆只听见老板热情待客的声音和"吸溜吸溜"的吃面声。我好不容易等到个座位，赶紧喊了一声："老板！二两小面！"过了几分钟，面好了，一股热气和香气扑鼻而来，一碗满而不溢、油亮亮的小面端上桌来，上面漂着的绿绿的香菜那样诱人，我肚子再次"咕咕"大叫起来，完全顾不了形象，"哧溜"一吸，香滑入肚，真爽！

真的非常好吃，这面馆的老板手艺着实地道，比平时我吃的面馆多了些特色。我好奇地打量他一板一眼的表演，只见老板一手端着一只干净的面碗，另一只手从一排排整齐的小盅里飞快地舀出了各种佐料：酱油、油辣子海椒、花椒面、花生、猪油、盐、味精、葱、大蒜……样样齐全，香气四溢，回味悠长。

我正在细心地观察，一个老外跷着大拇指冲着老板连连说道："Very good，very good！"

老板慈厚地笑着："先生，我们重庆的小面啊，那可是世界一绝，是发源于重庆的特色传统小吃，属于渝菜系列，今天你吃的重庆小面是重庆面中最简单的一种……"

这时，旁边桌上的顾客又招呼了："老板，再来一碗小面。"

老板爽快地回答："好咧！"那快乐的身影，又穿梭在小店的东南西北……

怎么样？你的嘴角是不是已经流下了口水？来吧，重庆小面等着你，朴实、耿直、豪爽的小面老板正在伸开双臂迎接你呢？

中江挂面

朱淳玲

《中江县志》中记载："中江挂面，面细如丝，长八九尺，截两头，取中段，名曰腰面，又称银丝面，县城内外俱佳，河西谭家街无盛。色百味甘，食之柔滑，细而中空，堪称洁、白、净、干、细五绝……"

看到这里，是否脑中已经浮出一碗热气腾腾的挂面的模样，似乎已经夹起一筷子挂面，"哧溜"一声，酱汁随着一口面条入肚，瞬间，幸福的滋味已在空中炸裂开来。正宗的江中挂面，可谓是"人间一绝"！

这可不假。我是地地道道的四川人，中江挂面可是一日三餐中必备的，那可是四川省传统的汉族面食小吃，已有一千多年的历史，是中外驰名的特色食品。面条细如头发丝，洁白空心，光滑柔韧，风味独特，回锅如新。要是你来四川没有吃中江挂面，那可等于去北京没去看故宫长城，去上海没看东方明珠塔一样。

你可能会想：中江挂面不就是面吗，难道它有什么与其他面条不一样的地方？当然，挂面之所以叫"挂面"，是因为它的面体因多次发酵而有微孔，故有"茎直中通"之说，其特别柔嫩易消化也源于此。一碗挂面下肚，你会感到前所未有的舒畅与享受。为了增加其营养成分，制作时还可以加以韭汁、菠菜汁、鸡蛋清、鸡蛋黄等制成蛋清面、蛋黄面、翡翠面等，同时也满足了那些不同口味的消费者的需求。所以，中江挂面是一种大众型的食物。给亲朋好友赠送礼物时，中江的朋友们也通常会选择中江挂面，这也是中江人热情好客的象征啊！

　　中江是一个小县城，你有可能从来没有听说过中江挂面。不过，有时间的话请来品尝一下吧，你会从中感觉到那淳朴的民风，那由食物引发的满足感，我们也会从一碗挂面中感受到故乡的温暖与家人们对我们满满的爱。